东尼·博赞

思维导图经典书系

# 快速阅读

## The Speed Reading Book

[英] **东尼·博赞**（Tony Buzan）著

亚太记忆运动理事会 译

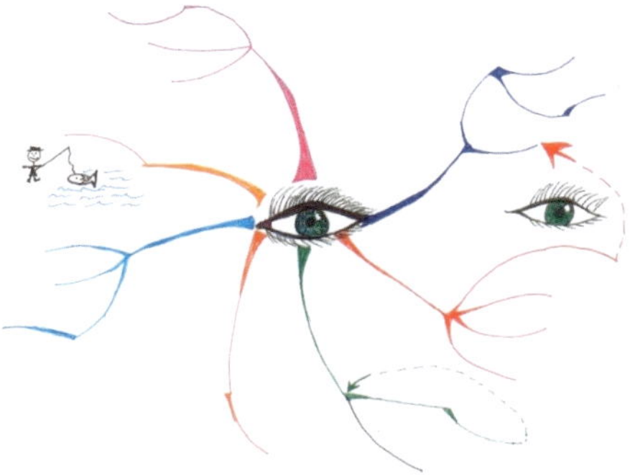

中国广播影视出版社

图书在版编目（CIP）数据

快速阅读 / （英）东尼·博赞著 ; 亚太记忆运动理事会译. -- 北京 : 中国广播影视出版社, 2022.10（2023.1重印）
书名原文: The Speed Reading Book
ISBN 978-7-5043-8878-0

Ⅰ. ①快… Ⅱ. ①东… ②亚… Ⅲ. ①读书方法 Ⅳ. ①G792

中国版本图书馆CIP数据核字(2022)第118459号



快速阅读
［英］东尼·博赞（Tony Buzan） 著
亚太记忆运动理事会 译

策　　划 东章教育 颉腾文化
责任编辑 余潜飞
责任校对 张 哲

出版发行 中国广播影视出版社
电　　话 010-86093580 010-86093583
社　　址 北京市西城区真武庙二条 9 号
邮　　编 100045
网　　址 www.crtp.com.cn
电子信箱 crtp8@sina.com

经　　销 全国各地新华书店
印　　刷 鸿博昊天科技有限公司

开　　本 650 毫米 ×910 毫米 1/16
字　　数 209（千）字
印　　张 16.75
版　　次 2022 年 10 月第 1 版 2023 年 1 月第 2 次印刷

书　　号 ISBN 978-7-5043-8878-0
定　　价 79.00 元

# 出版说明

相信中国的读者对思维导图发明人东尼·博赞先生并不陌生，这位将一生都献给了脑力思维开发的“世界大脑先生”，所开发的思维导图帮助人类打开了智慧之门。他的大作“思维导图”系列图书在全世界范围内影响了数亿人的思维习惯，被人们广泛应用于学习、工作、生活的方方面面。

作为博赞®知识产权在亚洲地区的独家授权及经营管理方，亚太记忆运动理事会博赞中心®致力于将东尼·博赞先生的经典著作带给更多的读者朋友们，让更多的博赞®知识体系爱好者跟随东尼·博赞先生一起挑战过去的思维习惯，改变固有的思维模式，开发出大脑的无穷潜力，让工作和学习从此变得简单而高效。

秉持如此初衷，我们邀请到来自全国各地、活跃在博赞®认证行业一线的专业精英们组成博赞®知识体系专家团队，担起“思维导图经典书系”的审稿工作，并对全部内容进行了修订和指导。专家团队的成员包括刘艳、刘丽琼、杨艳君、何磊、陆依婷等。专家团队与编辑团队并肩工作了数月，逐字逐图对文稿进行了修订。

这套修订版在中文的流畅性、思维的严谨性上得到了极大的提升，更加适合中国读者的阅读需求和学习习惯。我们在这里敬向所有参与修订工作的专家表示由衷感谢，也对北京颉腾文化传媒有限公司的识见表示赞赏。

期待这份努力不负初衷，让经典著作重焕新生，也希望这套图书在推广博赞®思维导图、促进全民健脑运动方面，能起到重要而关键的作用。

亚太记忆运动理事会博赞中心®

亚太官网：www.tonybuzan-asia.com
中文官微：world_mind_map

献给我最亲爱的妈妈——她是如此慈爱，让我看到了这个世界的美丽和力量，也让我认识到了大脑的美丽和力量。

——东尼·博赞

# LETTER FROM TONY BUZAN
# INVENTOR OF MIND MAPS

The new edition of my Mind Set books and my biography, written by Grandmaster Ray Keene OBE will be published simultaneously this year in China.This is an historical moment in the advance of global Mental Literacy , marked by the simultaneous release of the new edition of Mind Set and my biography to millions of Chinese readers. Hopefully, this simultaneous release will create a sensation in China.

The future of the planet will to a significant extent be decided by China, with its immense population and its hunger for learning. I am proud to play a key role in the expansion of Mental Literacy in China, with the help of my good friend and publisher David Zhang, who has taken the leading role in bringing my teachings to the Chinese audience.

The building blocks of my teaching are memory power , speed reading, creativity and the raising of the multiple intelligence quotients, based on my technique of Mind Maps. Combined these elements will lead to the unlocking of the potential for genius that resides in you and every one of us.

TONY BUZAN

MARLOW UK 05/07/2013

# 东尼·博赞为新版“思维导图”书系

## 致中国读者的亲笔信

今年，新版“思维导图”书系和雷蒙德·基恩为我撰写的传记将在中国出版发行，数百万中国读者将开始接触并了解思维潜能开发的相关知识和应用。这无疑是一个具有历史意义的重要时刻——它预示着我们将步入全球思维教育开发的时代。我希望它们能在中国引起巨大的反响。

中国有着众多的人口，他们有着强烈的求知欲，这在很大程度上将决定世界的未来。我很自豪，在我的好朋友、出版人张陆武先生的帮助下，我在中国的思维教育中发挥了一些关键的作用。我非常感谢他，是他把我的思维教育带给了中国的大众。

我的思维教育是建立在思维导图技能基础上的多种理念的集合，包括记忆力、快速阅读、创造力和多元智力的提升等。如果把这些元素结合起来，我们就能发掘自身的天才潜能。

东尼·博赞

2013年7月5日

## Contents 目录

# Foreword 1 序一

作为近40年来全球最伟大的教育家之一，东尼·博赞的方法激励着众人尽其所能地开发和发挥大脑潜能，从而获得更丰盈、更有意义的人生。他在20世纪60年代发明思维导图，随后英国广播公司（BBC）播出他的《启动大脑》系列科普片达十年之久，同名书籍《启动大脑》畅销达百万册。他的思想广为传播，帮助人们认识到了大脑的非凡能力。但他并未因此而止步，而是一以贯之地研究阅读、记忆、创新等，为此撰写了很多本书，被翻译成40多种语言。

今天来看，东尼·博赞的影响力已经超越了他的作品而成为一种世界文化现象。从刚刚成名开始，他就被邀请到全球各地演讲，被多家世界500强公司聘为顾问，为多个国家的政府部门提供教育政策方面的建议，为多所世界知名大学提供人才培养的方法。他的思想也快速地被大家接受，成为现代教育知识的一部分，这足以说明他的工作是多么重要。鼓舞并成就了数千万人的人生，足见他对这个世界的影响是多么深远。

东尼·博赞的毕生追求是释放每一个人的脑力潜能，发起一场展示每个人才华的革命性运动。如果每个人都能接触到正确的方法和工具，并学会如何高效地运用大脑，他们的才华便能得到最完美的展现。当然，他的洞见并非轻易而得，也不是人人都赞成他的观点。谁能够决定谁是聪明的，谁又是愚蠢的？对于这些问题，我们都应该关心，这可是苏格拉底和尤维纳利斯都思考过的问题。

在正确认知的世界里，思维、智力、快速阅读、创造力和记忆力的改善应当受到热情的欢迎。然而，现实并不总是如此。实际上，东尼·博赞一直在坚持不懈地和大脑认知的敌人进行着荷马史诗般的战斗，其中包括那些不重视教育、把教育放在次要地位的政客；那些线性的、非黑即白的、僵化的教育观念和方法；那些不假思索或因政治缘故拒绝接受大脑认知思维的公司职员；还有那些企图绑架他的思想，把一些有害的、博人眼球的方法作为通往成功之捷径的对手。

2008年，东尼·博赞被英国纹章院（British College of Heraldry）授予了个人盾形纹章。盾形纹章设立之初是为了用个人化的、极易辨认的视觉标志，来辨识中世纪战争中军队里的每一个成员，而东尼·博赞则是为了人类的大脑和对大脑的认知而战斗。

我想起我们第一次在大脑认知上的探讨，是关于天才本质的理解。我本以为东尼·博赞会拜倒在伟大人物的脚下，那些人仿佛天生就具备“神”的智慧及其所赋予的超人能力。事实并非如此。东尼·博赞的重点放在像你我一样的普通人的能力特质上，研究这样的人如何通过自我的努力来开启大脑认知的秘密，如何才能取得骄人的成就。东尼·博赞下决心证明，你无须来自权贵家庭或艺术世家，也能达到人类脑力成就的高峰。

爱因斯坦曾是专利局职员，早期并没有展示出超拔的数学天分；达·芬奇是公证员的儿子；巴赫贫困潦倒，他得走上几十英里去听布克斯特胡德的音乐会；莎士比亚曾因偷窃被拘禁；歌德是中产阶级出身的律师……这样的例子有很多很多。

但幸运的是，他们靠自己找到了脑力开发的金钥匙。而今天，值得庆幸的是，东尼·博赞先生帮众人找到了一套开发脑力的万能钥匙。

他可以像牛顿一样说自己是柏拉图的朋友、亚里士多德的朋友，最重要的是，是真理的朋友，是推动人类智慧向前跨越的关键人物。

社会从众性的力量是强大的，陈旧教条的影响无法根除，政府官员的阻挠、教授的质疑充分证明了这一点。然而，正像著名的国际象棋大师、战略家艾伦·尼姆佐维奇（Aron Nimzowitsch）在他所著的《我的体系》里所写的：

讥讽的作用很大，譬如它可以让年轻人才的境遇更艰难；但是，有一件事情是它办不到的，即永远地阻止强大的新知的入侵。陈旧的教条？今天谁还在乎这些？

新的思想，也就是那些被认为是旁门左道、不能公之于众的东西，现今已经成了主流、正道。在这条道路上，大大小小的车辆都能自由行驶，并且绝对安全。

是时候阅读这套“思维导图经典书系”了，今天在自己脑力开发上敢于抛弃陈规旧俗、接受东尼·博赞思想和方法的人，一定会悦纳“改变”的丰厚馈赠。

雷蒙德·基恩爵士

英国OBE勋章获得者

世界顶级国际象棋大师

世界记忆运动理事会全球主席

# Foreword 2 序二

尊敬的中国读者：

你们好，很高兴受邀为东尼·博赞先生的“思维导图经典书系”的全新修订版作序。我与东尼相识几十年，很荣幸与他建立了非常深厚的友谊。他有着广泛的爱好，对音乐、赛艇、写作、天文学等都有涉猎，其睿智、风趣时常感染着我。我是他生前最后交谈的朋友，那次谈话是友好而真挚的，很感谢他给予我的宝贵建议，这是我余生都会珍念的记忆。

东尼出版过很多关于思维导图、快速阅读和记忆技巧的书，并被翻译成多种语言在世界各地传播。思维导图——东尼一生最伟大的发明，被誉为开启大脑智慧的“瑞士军刀”，已经被全世界数亿人应用在多种场景、语言和文化中。

我曾与东尼结伴，一起在中国、美国、新加坡等地推广思维导图，也曾亲眼目睹他的这一发明帮助波音公司某部门将工作效率提高400%，节省了千万美元。这正是思维导图的威力和魅力。

东尼的名著之一是《启动大脑》。在我们无数次的交谈中，他时常提起此书是他对所有与记忆、智力和思维相关事物的灵感之源。东尼相信，如果掌握了大脑的工作模式和接收新信息的方式，我们会比那些以传统方式学习的人更具优势。

在该书的第一章，东尼阐释了大脑比多数人预期的更强大。我们拥有的脑细胞数量远远超出大家的想象，每个脑细胞都能与周边近 10 000 个脑细胞相互交流。人类大脑几乎拥有无限能力，远比想象的更聪明。当东尼意识到自己的脑力并没发挥出预期的效果时，为了更好地学习，他希望发明一种记笔记的新方法——这就是思维导图的由来。东尼的发明对他自己的学习很有帮助，于是进一步开发来帮助他人。

在他的书系中，你将学到多种技能。它们不仅使学习变得更容易，还有助于你更好地应用思维导图，比如通过使用关键词来激发想象力和联想思考，增强创造力，等等。东尼曾告诉我，学龄前儿童的创造力通常可以达到 95%。当他们长大成人后，创造力会下降至大约 10%。这是个坏消息，但幸运的是，东尼在书系中介绍的技能，是可以帮助我们保持持久旺盛的创造力的。这些书揭示出创造力、记忆力、想象力和发散性思维的秘密。读完这些书你会发现，这些看似很简单的技能，太多人还不知道。

东尼发明了“世界上最重要的图表”，并将它写在 *The Most Important Graph in the World* 一书中。书中不但论证了思维导图的重要性，还为我们的生活提供了宝贵的经验。我从中学到很多技巧，其中最重要的是，如何确保我所传达的信息被别人轻易记住——直到读了 *The Most Important Graph in the World*，我才意识到它是如此简单。东尼在书中提到的七种效应，从根本上改变了我与人沟通的方式，让我的交流更富有情感，演讲更令人难忘。这本书是我最喜欢的东尼的名著之一。

东尼还非常擅长记忆技巧。他在研究思维导图时，发现记忆技巧非常有用。这些技巧在日常生活中的重要性不言自明，比如，我不善于记别人的名字和面孔，当不得不请人重复时，我真的很尴尬，俨然常常为遗忘找借口的“专家”。东尼为此亲自训练了我的记忆技巧，让我很快明白记忆技巧与智力或脑力的关系不大，许多记忆技巧是简单的，可以很轻松地学习和应用。

不久前我教一个学生记忆技巧。她说她记忆力特别差。我记得东尼告诉我，没有人天生记忆力不好，只是不知道提高记忆力的技巧。我让她在 3 分钟内，从我提供的单词表中记住尽可能多的单词。她只能记住 3 个单词。我告诉她，在运用了我教给她的技巧后，她可以按顺序记住全部 30 个单词，倒序也不会出错。她笑着说这是不可能的。

利用东尼书中所教授的技巧，她在经过大约 3 小时的训练后，成功做到了正序、倒序记忆全部 30 个单词。她非常高兴，因为一直以来，她都认为自己的大脑无法达到如此之高的记忆水平。真实的教学案例足以证明，东尼的记忆书是可以让每个人受益的，无论青少年还是成年人。

我读过东尼这一书系中的每一本书，强烈推荐给所有希望拓展自己脑力的朋友。

你们需要做的，就是将书中所包含的各种重要技能全部掌握。

马列克·卡斯帕斯基（Marek Kasperski）
东尼博赞®授权主认证讲师（Master TBLI）
世界思维导图锦标赛全球总裁判长

# | Foreword 3　序三 |

1996 年，我第一次阅读旧版《快速阅读》。假如当时有人告诉我，多年后，你将为《快速阅读》的新版作序，我断不敢相信。

第一次打开这本书时，我对快速阅读知之甚少，也对我是否能够做到深表怀疑。我真不该有此担心。之后不到一年，我便赢得了我人生中首个世界速读冠军，可以用每分钟千余字的速度轻而易举地进行速读。早在 1996 年，我是万万没有想到 2007 年我会和《哈利·波特与死亡圣器》擦出什么火花。此片上市之际，我受邀速读了这一鸿篇巨制，并接受了媒体和电视台有关此书内容的采访。每分钟 4251 字的阅读速度是我目前为止的最高纪录。

在开始快速阅读旅程之前，请做好两项准备工作：一是强烈的好奇心，让大脑去完成一些你认为不可能的事情，关注它的潜力；二是一本你的的确确想要阅读的书籍。用你所选的书籍以及本书进行练习。学习一门新技巧的方法是极其重要的。一开始就要让它有趣。我便是如此做的。我找了一本自己想要阅读的书籍并用速读的方式进行自我挑战。我会猜我要花多长时间，看我的猜测是否正确。以这种方式来学习快速阅读的好处就是，以后你再进行任何快速阅读，都不会感到集中注意力令人紧张。

观察你在快速阅读时会发生什么。作为《星际迷航》的粉丝，我认为能和作者达到“思维融合”就是最高境界了（除非，我们也是尖耳朵的瓦肯星球人）。阅读过程中，我们全神贯注、聚精会神、如痴如醉，恰似坐禅一般。我发现自己快速阅读的内容比慢速阅读记得更牢，因为我的大脑没有时间走神。

本书为你提供成为速读高手的所有信息。若你想成为大师，请阅读东尼·博赞的《思维导图》和《超级记忆》。学习如何用思维导图来阅读——训练大脑快速锁定关键概念，培养记忆技巧。增强记忆力的核心就是要具备将所读内容图像化的能力。

《快速阅读》是快速阅读方面的经典之作。阅读它，理解力和记忆力不仅会得到提高，阅读速度也会不断加快。这种能力组合在商业和学术研究中都会形成一种竞争优势，对你产生深远影响。我便是从这里开始的——准确来说，从第一页。

安妮·琼斯

六届“世界快速阅读锦标赛”冠军

头脑奥林匹克纪录保持者

# 阅读之于大脑正如有氧运动之于身体

现在是学习和运用快速阅读拯救计划的最佳时刻。这些技巧将帮助你不断增强想象力，并大幅减少阅读时间，可将阅读一本常见的 250 页书籍所用的 10.5 小时压缩到 60 分钟！学习快速阅读课程，你便能够快速浏览、过滤、清理和保存互联网高速公路上的海量信息，更不用说处理堆积如山的纸质媒体信息。配合运用思维导图和其他一些增强记忆的技巧，掌握快速阅读将让你的学习和工作技能产生大飞跃。

## 过去的阅读方法

还记得你以前学习的阅读方法吗？它是语音法，还是“看图说话”法，或者是二者的综合？

### 语音法

语音法首先介绍给孩子们的是普通的从 a 到 z 的字母，然后介绍每个字母的读音，如“a”变成“ah”，“b”变成“buh”，等等。孩子们再把字母和读音变成单词的组成部分。因此，“the cat”（那只猫）首先被念成“tuh-heh-eh-kuh-ah-tuh”[ 而不是“see-aye-tee”（英语字母 CAT

的读音）]，直到老师将单词变成其本来的正确形式为止。当孩子学会正确发声时（正确地朗读），老师就要求孩子默读。这最后一个阶段要花很长的时间，许多孩子，甚至成年后也没能通过阅读时不动嘴唇这最后一关。那些已经过了这一关的人，可能仍会自言自语。也就是说，当他们阅读时，他们清醒地意识到每个单词的读音。这就叫作“默读”。

### “看图说话”法

教孩子们阅读的“看图说话”法，也依赖于对单词或语言文字的反应。当给孩子们出示一幅画，譬如一头母牛，印刷得很清晰的物体下面，有代表所示物体的单词，即 cow（母牛）。然后老师要求孩子们正确回答；如果回答不正确（譬如有孩子说是“象”），老师就把孩子引到正确的答案，之后转到下一个单词。当孩子们能阅读并达到老师用语音法要求的熟练水平之后，就不再要求孩子们朗读。

## 什么是真正的阅读能力

一旦孩子能认识单词并能默读，人们通常就会认为他已学会了阅读，并因此而认为他是一个有文化的人。从 5 岁到 7 岁或再大一点，没有人再教孩子如何阅读，因为人们相信，一旦孩子学会阅读之后，需要的就只是如何应用它了。

然而事实并非如此，因为孩子接触的不过是阅读的最初阶段。把孩子留在这一阶段直到他成年，就好比婴儿学会了爬行后，学习运动技能的过程就终止了，而走、跑、跳及相关活动的世界，依然是一片未开垦的处女地。

阅读也是如此。对于阅读而言，我们仍在地面上爬行，该是学会走、跑和跳的时候了！

## 东尼的快速阅读历程

在我 14 岁的时候，我们班做了一套测验来评估我们的智力。

其中包括一项快速阅读测试。几个星期之后，我们得到了测试结果。我的平均得分是每分钟 213 个字（此处系指英文单词数。本书中所说字数均为英文单词数——译者注）。我最初的表现是自鸣得意，因为 213 这个数字听起来很不少了！然而，我的高兴并没有持续多久，因为老师很快解释说，每分钟 200 个字的水平只是相当一般的水平，班上阅读得最快的学生可达到每分钟 314 个字——比我的 213 个字多出整整 101 个字。

这次受挫改变了我的生活。这堂课的下课铃声一响，我就冲到老师面前，问他怎样才能提高阅读速度。老师回答说："没有任何办法，阅读速度就像智商、成年后的身高及眼睛的颜色一样，基本上是不可改变的。"

这话听起来不太真切。为什么？因为我刚开始一项雄心勃勃的体育锻炼计划，几周内就注意到我的每块肌肉显著的变化。如果正确的体育锻炼可以使我的身体发生变化，那么为什么通过适当的视觉和智力训练，就不能改变我的阅读速度以及对所读内容的理解力和记忆力呢？

这些问题激励我探索。很快，我就突破了每分钟 400 个字的阅读障碍；最终，我能轻松地达到每分钟 1000 个字的阅读速度。通过这些调查研究和实践，我认识到：从各种角度讲，阅读与大脑的关系就像有氧锻炼与身体的关系一样。

## 始于何处——快速阅读的发展

快速阅读起源于 20 世纪初，当时出版物激增，像洪水一样淹没了读者，使他们无法用正常的阅读速度来处理这些信息。而大多数早期快速阅读的课程竟出自一个相当出人意料的地方——英国皇家空军。

在第一次世界大战期间，空军战术家们发现，许多飞行员在飞行时，无法区分在一定距离之外的飞机。在空战生死攸关的情形下，这显然非常不利，战术家们开始寻求良方。他们开发了一种叫作视速仪的设备，它能在大屏幕上以逐渐变短的时间间隔闪现图像。他们开始时以较长的曝光时间闪现敌友战机的大幅图像，然后逐渐缩短曝光时间，同时缩小图像尺寸，改变图像角度。使他们吃惊的是：经过训练后，普通人就能够根据屏幕上时间间隔为 1/500 秒的闪现，来区分几乎像斑点一样、代表不同飞机的图像。

如果眼睛能以这种令人难以置信的速度看东西的话，那么阅读速度显然也一定能得到奇迹般的改善。认识到这一点后，他们决定把这种有用的信息用于阅读。他们用完全一样的装置，在屏幕上放大一个字的图像达 5 秒钟，然后逐渐使字体变小，并缩短每次闪现的时间间隔。最后，他们以 0.002 秒的时间间隔，在屏幕上同时闪现 4 个字，受试者们仍然能够把这些单词读出来。

基于这些发现，大多数快速阅读课程一直以卡片闪现法或视速仪训练法（又称静止屏幕训练法）为基础。

视速仪训练法的教练们通常用一幅图来衡量学员们的进步，这幅图将阅读速度从 100 字 / 分钟到 1000 字 / 分钟共分为 10 级（图 0–1、图 0–2）。经过正规的训练，大多数人能从平均 200 字 / 分钟的水平上升到平均 400 字 / 分钟的水平，这就是小学生和研究生阅读速度的差别。

然而，用成功的视速仪训练法培训的学生，经过几周的“研究生阅读”培训后，对自己所取得的成绩普遍感到不满。大部分学生报告说，在课程结束后很短的时间内，他们的阅读速度就再次降到原来的水平，也即恢复到标准成年读者的水平。

图 0-1　视速仪训练法培训进步图

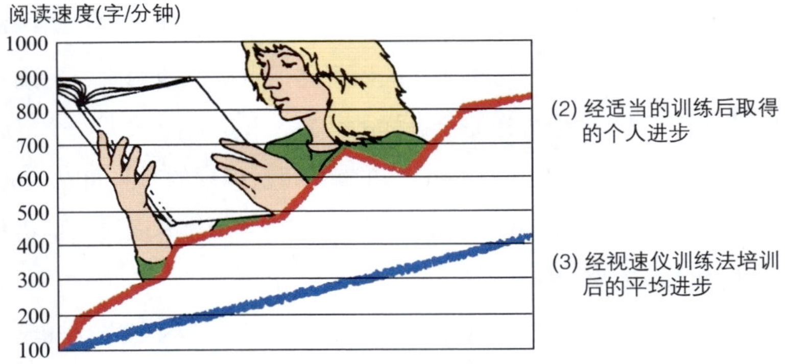


图 0-2　视速仪训练法培训后与经适当训练后的阅读速度之对比图

一般来说，用这种方法，一个人的阅读速度可以从每分钟 200 字增加到 400 字。开始时，这听起来是个奇迹：阅读速度提高了 1 倍。然而，如果用数学的观点来看，就会明显地发现，一定出现了什么严重的错误。如果眼睛能以 0.002 秒的时间间隔辨识图像（如一架飞机或一个字），则预期的阅读速度将达到每分钟 3 万字（60 秒 ×500 字 / 秒），那么还有 2.96 万个字在哪儿？

换一种方式说，如果阅读能力的正常范围是每分钟 200~400 字，并且大多数人位于这一范围的低点，那么以一本典型的250页的书为例，每页约500个字，需要10.5小时才能读完。在视速仪课程开展期间，学员们几乎没有接受任何培训，阅读能力却有明显的提高。看来这只能更多地归因于学员们在这几周学习期间的强烈的学习动机，这一原因使他们到达了正常范围的高点。

尽管视速仪训练法在快速阅读时不能提供理解方法，但这一技术已成为基本培训成套方法中一种有用的方法，并且一个好的快速阅读者的平均速度将要突破下一个大关——1000字/分钟。美国前总统约翰·肯尼迪曾因快速阅读而受益匪浅的故事以及吉米·卡特对快速阅读所表现出的兴趣，使得各色阅读学校如雨后春笋般不断涌现。这其中就有影像阅读法，其培训的焦点是让眼睛能像“照相机”一样看书，首先看稍大的印刷字符。

## 快速阅读世界纪录保持者

快速阅读测试最初都以阅读小说为主，读者必须尽可能快地把一本小说看完，然后对那些已经深度阅读过该书的人演讲。演讲必须提供对下列领域有见识的评论：人物、背景、情节、哲学、象征意义、文字水平、文学风格、隐喻、主题、历史渊源等。入主早期快速阅读“名人堂”的人物有：来自美国的迈克尔·J. 盖尔布（Michael J. Gelb），阅读速度为1805字/分钟；来自荷兰的米斯姆纳·科克（Mithymna Corke），以2100字/分钟的速度突破了2000字/分钟的大关；科克的同胞克杰迪尔·冈纳森（Kjetill Gunnarson），以3050字/分钟的速度突破了3000字/分钟的大关；来自美国的肖恩·亚当（Sean Adam），以3850字/分钟这令人望尘莫及的速度逼近4000字/分钟的大关。2007年，六届“世界快速阅读锦标赛”冠军得主安妮·琼斯在伦敦查令十字路大型连锁书店 Borders 用 47 分 01 秒的时间读完了《哈利·波特与死亡圣器》，创造了 4251 字 / 分钟的惊人纪录。随后，她为英国《独立报》和天空卫视写了书评（安妮非常慷慨，将她所取得的成绩归功于本书，并为本书作了序言）。

如果你有兴趣加入这支快速阅读的精英队伍，请通读本书，并保证进行所有的练习，确保进入世界快速阅读锦标赛（欲知更多信息，请访问 www.wmmc-china.com 或关注官微 world_mind_map）。

## 你的快速阅读潜力

你提高阅读速度的潜力，至少是在现有的基础之上再翻一番，最终达到每分钟 1000 字，让自己与上述 10 位世界顶尖人物处在同一水平。

他们中的每个人都是像你我一样的阅读者，他们最初都对自己的正常阅读速度感到不满，并决定投入时间和精力来学习这种非常实用的技巧。《快速阅读》给你提供了赶上他们的好机会。它是笔者在阅读领域五十多年实践和研究的结果。

少年时期，通过了解我眼睛的奇异功能及大脑的非凡能力，我不仅提高了阅读速度、理解及记忆能力，还发现自己能更敏捷和更有创造性地思考，做更好的笔记，相对轻松地通过考试，学习上更加成功，并且能节省几天、几周甚至几个月的时间。

本书会给出一些练习，专门用来开发眼睛和大脑的天生技巧，使它们能够合二为一，助你成为智力强人。书中涵盖了我在快速阅读训练过程中所学到的秘诀。希望你的训练过程能让你兴奋，并像我一样从这些技巧中获益良多。如果你按照我的快速阅读计划经常练习，在保证理解水平的情况下保持每分钟 1000~2000 字的阅读速度是不在话下的。这也就意味着你可以将这本约 250 页的书在 1 小时内读完！现在，请继续阅读并找出实现的方法。

## 充分利用本书

本书的六大目的：

1. 大幅提高阅读速度。
2. 保持并改善理解能力。
3. 增进你对眼睛和大脑功能的理解，从而帮助你在阅读、学习、日常生活及工作中更有效地使用它们。
4. 增加你的词汇量和综合知识。
5. 为你节省时间。
6. 给你更多信心。

# User's Guide 本书使用指南

本书可作为训练课程手册，开篇是对你目前的阅读速度和理解水平进行测定，随后会介绍几种速读引导术和大师级词汇技巧，来加强你的眼睛 / 大脑协调系统以及加快阅读速度，其间会穿插一些循序渐进的自我测试和练习。书中强调并解决了常见的阅读问题，包括注意力分散和阅读障碍，也介绍了阅读和研究的具体领域，包括报纸、杂志以及如何处理网络中的海量信息。另外，本书还介绍了如何将速读技巧运用到文学和诗歌中。最后是自我测试答案、词汇练习答案、进步图和进步表、国际思维节的相关信息等。

## 自我测试

本书中含有一系列循序渐进的文章和精选的阅读材料，供你不断了解自己进步的情况。本书开头的自我测试主要用来提高阅读速度，中间的自我测试用来增强理解能力和增加词汇量，结尾的自我测试将充分挖掘你快速阅读的潜力。阅读材料中的一部分涉及人类知识主要领域的理论和历史，其他则是关于学习和大脑研究方面的文章。到学完本书时，你不仅能够改善理解能力、提高阅读速度、增强评判和鉴赏能力，而且能够更多地了解关于自己及周围世界的知识。自我测试文章如下：

1.《智力战——大脑培训的前沿》

2.《挑战你的记忆力》

3.《动物智慧》

4.《我们是宇宙中唯一有智慧的生物吗——外星人的智慧》

5.《婴儿的大脑》

6.《大脑——被施了魔法的编织机》

7.《拥抱创造力，见证利润增长》

## 练习

本书含有一些特殊练习，专门用来提高你的视觉感知、思维意识、评判能力和词汇量。就像健身运动一样，如果能重复练习几次，你将获益更多。以下即为第一个热身练习。

## 如何快速阅读本书

《快速阅读》可以是一个星期、两个星期、三个星期或四个星期的课程，这主要取决于你希望在多长时间内达到目标。请阅读下面几段，然后拟订学习计划。

1. 通览目录，圈定你希望学习的内容。
2. 大致安排每一部分所需的时间，并在头脑中形成关于所学内容和学习计划的总体轮廓。这一过程大约需要几分钟。
3. 迅速浏览全书，让自己熟悉全书内容，然后在头脑中勾勒出本书的轮廓和你的学习目标。

4. 现在决定，是想一天完成一章，还是两至三章，或者想不断变换学习速度。
5. 一旦做出决定，就要在日记中把计划记录下来，并注明开始和结束的时间。在计算学习日期时，你要清楚，本书的每一章平均只有 10 页，而且大多数练习都较容易完成。

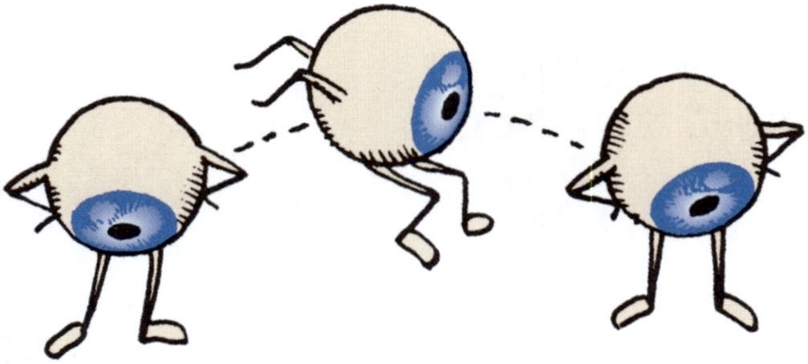

## 热身Q&A

### 了解你的阅读速度

你将开始人生中最令人激动的旅程——为了激励你思考关于阅读和快速阅读的问题，请完成以下有关阅读习惯和阅读技能的小测验。你只需要回答“是”或“不是”，然后翻看答案的一页，检查测验结果。

1. 每分钟阅读 1000 字以上是可能的。 是 / 不是
2. 读慢一些、仔细一些才能更好地理解所读的内容。 是 / 不是
3. 逐字逐句地阅读有助于理解。 是 / 不是
4. 默读会使阅读速度减慢，因而应该少用或不用。 是 / 不是
5. 应努力百分之百地理解所读的内容。 是 / 不是

6. 应努力百分之百地记住所读的内容。 是 / 不是

7. 在阅读时，眼睛必须不停地逐行浏览所读的内容。 是 / 不是

8. 当阅读时漏掉了某些内容，必须回头把它弄清楚之后再往下读。 是 / 不是

9. 用手指头点着字阅读会降低阅读速度，应该通过训练逐步戒除。 是 / 不是

10. 在文章中遇到理解障碍时，应努力把它搞清楚后再往下读，以保证理解的连贯性。 是 / 不是

11. 对一本很好的或重要的书，应逐页阅读。在没有阅读第 19 页之前，千万不要去读第 20 页；在没有完全弄懂开头之前，也一定不要去看结尾。 是 / 不是

12. 忽略某些单词是一种偷懒的坏习惯，应予戒除。 是 / 不是

13. 当遇到文章中的重要内容时，应该做些笔记，以便于牢记。 是 / 不是

14. 阅读动机如何并不影响眼睛与大脑交流的基本方式，也不会影响阅读速度。 是 / 不是

15. 笔记应该保持整齐、有序和结构化——主要呈现为句子和所读信息的有序列表。 是 / 不是

16. 应在身边备一本词典，遇到不认识的单词时可立即查阅。 是 / 不是

17. 快速阅读的危险之一是会使理解能力下降。 是 / 不是

18. 我们肯定都是以自然的速度阅读的。 是 / 不是

19. 对小说和诗歌来说，要欣赏其内涵和语言韵律，很重要的一点是放慢阅读速度。 是 / 不是

20. 眼睛看不清的内容无法被真正理解。 是 / 不是

## 答案

如果你对所有问题的回答中只有一个“是”，那么，你几乎可以成为一名快速阅读老师了。而那个可以回答“是”的问题是第一个问题，即每分钟阅读1000字的速度，也是可能的。

所有其他的答案都应该为“不是”。这19个问题涵盖了关于阅读的各种错误概念。

如果相信这些错误假定，那么，你不仅会相信那些不真实的事，也会相信那些将使阅读习惯越来越坏、阅读速度越来越慢，以及使综合及理解能力越来越差、越来越令人不满意的事情。

当通过《快速阅读》这本书取得进步时，这些错误的假定将被逐一否定，最后只剩下通往实现快速阅读目标的坦途。

本书的第一部分将帮你检测目前的阅读速度和理解能力，它并非快速阅读“测试”，只作为你后期快速阅读技巧大幅提升的基础。

**定义**
是明晰的伴侣，
**而明晰**
是通往既定目标的
**路标**。

# 第一部分

# 发现并培养速读技巧

本部分将解释眼睛 / 大脑在我们所说的“阅读”活动中的工作过程，将其分解，从而找出改善这一过程的方法——准确来说，是加速这一过程。第一个自我测试将帮你检测自己目前的阅读速度和正常的理解能力，明确你目前所处的位置。后面的部分将介绍如何控制你的神奇眼睛，以便立刻提高你的阅读速度和理解能力。

你还将学到一些技巧，这些技巧将帮助你更有效地控制眼睛运动，培养高级的略读和跳读技能，有利于眼睛和大脑以快速阅读的方式设定阅读环境。为了更好地帮助你提高快速阅读和理解能力，你需要完成一些练习和快速阅读测试。这些练习和测试会加强眼睛 / 大脑系统的肌肉运动，进一步提高阅读速度。

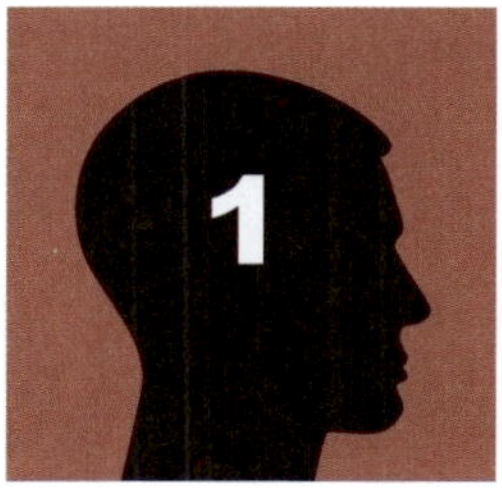


第 1 章

# 阅读：革命性的新定义

在开始学习快速阅读技巧之前，请问自己一个简单的问题：什么是阅读？然后在下面空白处写出你的定义：

______________________________

______________________________

______________________________

现在，将你的定义与一些常见的定义进行比较：

- 阅读是了解作者的意图。
- 阅读是吸收书面词汇。
- 阅读是消化吸收印刷信息。

这些定义只是谈到了阅读过程的一个方面。精确的定义应该包括阅读技能的各个方面。

## 1.1 新定义——什么是阅读

阅读是一个由七个阶段组成的过程，它包括以下步骤（见图 1–1）。

1. **识别**：你必须能够识别语言，不管你学哪种语言都一样。不管你来自哪里，什么年纪、什么性别、什么种族、什么受教育程度，你的大脑都要完成的过程就是识别语言符号，无论是“语音法”还是“看图说话法”，只要能让语言符号进入大脑即可。
2. 语言符号如何进入大脑？通过**吸收**。这一过程更加复杂，它关系到你的坐姿、健康状况、身体情况，尤其是眼睛以及大脑对眼睛的使用。要让眼睛正常工作，你需要了解眼睛如何工作，实际在发生什么。
3. 现在你必须**理解**，这就叫“内部融合”或连接信息片段——文本内部信息的连接。
4. **领会**与理解不同。一旦你已经理解，就可以将已理解的信息同外部世界联系起来——“外部融合”，将书本内容同外部世界联系起来。这一过程与第三步（在你的脑子里将书本内容本身融会贯通）截然不同，它是将书本内容与其他领域的知识联系起来。
5. 现在你学会存储——**保留**——信息。保留是将信息存储于你的数据库。
6. **回忆**是提取信息——你必须知道如何操作。这也就是通常意义上的记忆。不要将保留与回忆相互混淆。不要说“我的记忆力很糟糕”；事实并非如此，你的记忆力非常好，只不过你对它管理不当。你将保留与回忆混为一谈。对大多数人来说，记忆力就是回忆，记忆的第二个阶段。
7. 为什么要回忆？为什么要先阅读？因为你想要运用，想要**交流**你已经获得的知识，以便从中创造、从中学习，为终身学习打好基础。

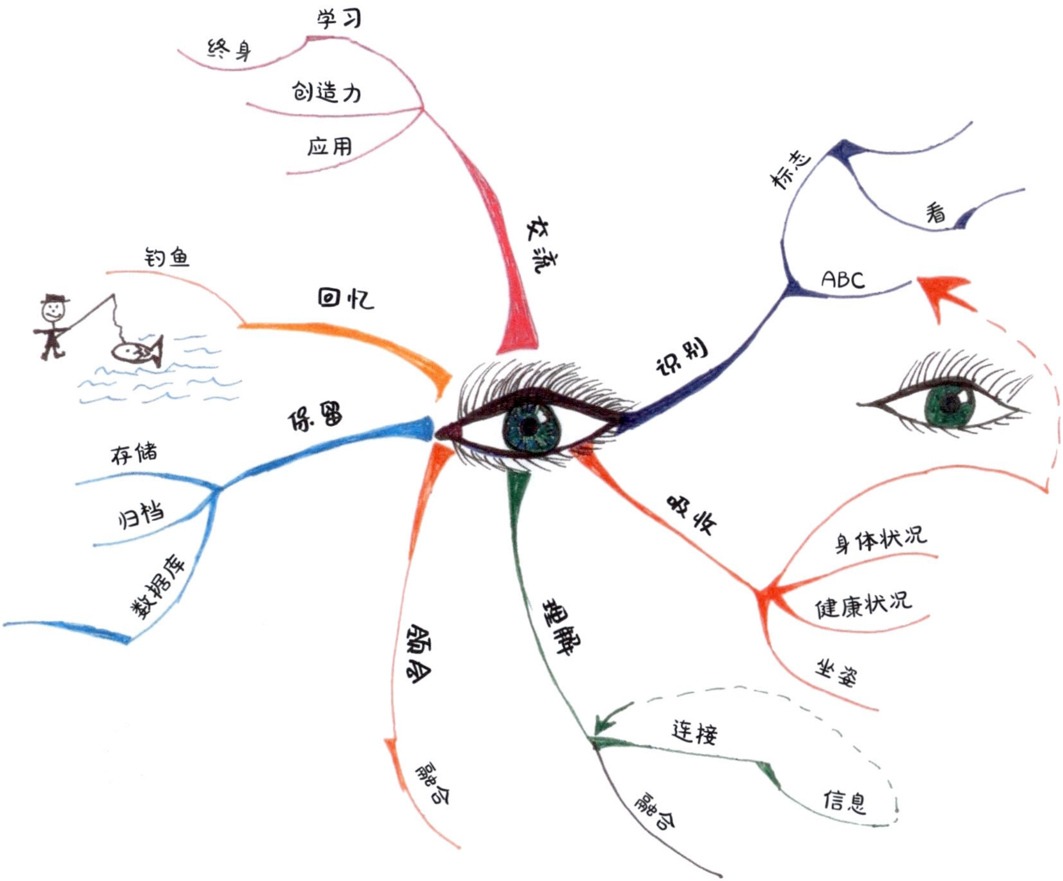


图 1-1　阅读 7 个阶段的定义

吸收是如何让信息进入大脑的过程，涉及快速阅读方方面面的过程。

1. **识别**——对字母符号的认知。这一步发生在真正的阅读开始之前。
2. **吸收**——字面反射的光线被眼睛接收，并经视神经传到大脑的生理过程。
3. **理解**——我视之为基本的内部融合，指将阅读的信息适当地联系起来。
4. **领会**——将以前获取的知识与所读的内容结合起来，适当地连接、分析、批判、鉴赏、选择和摒弃。我也将此称作外部融合。
5. **保留**——信息的基本存储。许多读者都有进入考场后，脑中虽存有大部分所需信息，却在 2 小时考试结束后才回忆起来的经历。显而易见，存储是不够的，必须与回忆结合起来。
6. **回忆**——大脑在需要的时候，从数据库中提取所需信息的能力。
7. **交流**——将信息立即或最终投入使用。交流包括书面、输入、口头以及具象沟通（如艺术、舞蹈和其他的创造性表达形式）。

阅读也包括一个非常重要但常被忽视的功能——思考。思考是内部和外部融合的延续。

交流也包括人类的思考能力，这点至关重要，却常常被忽视。思考，就是你在阅读本页时正在进行的外部融合活动。

从这个真正的定义可以看出，只要读者学会识别单词，学会吸收、理解、领会、保留、回忆以及交流，那么下面列出的 30 个最常见的阅读问题便可很轻松地解决。

**30 个最常见的阅读问题**

| | | |
|---|---|---|
| 年龄 | 疲劳 | 回忆 |
| 数量 | 恐惧 | 复读 |
| 分析 | 急躁 | 摒弃 |

| | | |
|---|---|---|
| 鉴赏 | 兴趣 | 保留 |
| 回读 | 懒惰 | 选择 |
| 厌倦 | 易读性 | 速度 |
| 理解 | 文体风格 | 激励 |
| 专心 | 笔记 | 默读 |
| 批评 | 动机 | 环境 |
| 干扰 | 组织 | 时间 |

阅读是一个包含多层次行为的过程。如果想成为一个高效率的快速阅读者，就必须拓展每一层次的行为。

在你开始下面的自我测试前，将七个步骤按顺序排列，并用“1”标注你认为最需要改进的那个步骤：

**识别**

**吸收**

**理解**

**领会**

**保留**

**回忆**

**交流**

从阅读问题表中选出那些你已经存在并打算解决的问题。

既然你已经理解了阅读行为实际所包含的过程，就可以尝试完成第一个测试了。无论是在学习还是处于自身发展的过程中，确定起步点都至关重要。不管你目前处于何种水平，只有对其进行准确评估，才能为你成功实现最终目标奠定一个坚实的基础。

## 1.2 自我测试：你现在的状况

检测你正常的阅读速度和理解能力。

这一测试包含两个部分。它不是速读测试，而是用来测算你目前的速度，以便准确判断你在使用本书过程中所取得的进步，所以它与本书中你将努力完成的其他测试不同。

在本章结尾，有 15 道多项选择题和正误判断题来测试你的理解水平。在阅读这部分文章时，不要在意过高或过低的理解水平，应按平常阅读此类材料时的理解水平来进行。

不要担心在阅读速度和理解水平两方面都得低分——本书就是专门为那些希望改善阅读技能的人而写的。在开始时得分低是常见的也是意料之中的事。

所以，不要追求浮夸的高速度，不要盲目争取领悟力高分，不要为结果患得患失。

把手表放在身旁，单独做阅读练习（有人计时或看表将不可避免地干扰读者的理解能力，并且还会使部分人改变平常的阅读速度）。

当读完一篇文章后，立即看表，并计算出速度。后面有非常详细的说明，指导你该怎么计算阅读速度。

现在请你准备好以平常的速度阅读下列文章。

**自我测试 1**

现在开始计时

### 智力战——大脑培训的前沿

**世界新趋势**

股票分析师像鹰一样观察着硅谷的十个人。哪怕只有一点点暗示表明某人将从甲公司转向乙公司时，世界股市就会产生波动。

英国人力资源服务委员会最近公布了一项调查结果。调查结果显示：在英国最好的10%的公司中，有80%在培训上投入了相当多的资金和时间，而最差的10%没有在培训上投入资金或时间。

在美国明尼苏达州，通过柏拉图计算机教育项目（Plato Computer Education Project），20万小学生的思维和学习水平得到了提高。

在越来越多国家的武装力量中，心理战术正变得像实战一样重要。

国家奥林匹克运动队投入了多达80%的训练时间来培养积极的思维定向、心理忍耐力及预见能力。

在《财富》杂志所列的“财富500强公司”（美国最赚钱的500家公司）中，仅五家最好的计算机公司每年就都要花费十几亿美元来培训公司的员工，智力资本的开发已成为其首要任务，包括开发世界上最坚挺的货币——智力货币。

在委内瑞拉，路易斯·阿尔伯托·马察多博士（Dr Luis Alberto Machado）成为政府智力发展部首任部长，受命提高全民族的智力水平。

我们正见证着人类进化史上的一次惊人飞跃——通过智力意识到智力本身，并意识到智力可以发展成为巨大的优势。

我们必须把这一鼓舞人心的消息应用在解决商界所定义的大问题上。

在过去的二十多年中，五大洲的十多万人接受了民意测验。最常提到的需要改善的20个主要方面是：

**1.** 阅读速度。

**2.** 阅读理解。

**3.** 整体学习技巧。

**4.** 处理信息爆炸。

**5.** 记忆。

6. 专注力。

7. 口头交流技巧。

8. 写作交流技巧。

9. 创造性思维。

10. 制订计划。

11. 记笔记。

12. 分析问题。

13. 解决问题。

14. 激励。

15. 分析型思维。

16. 优先安排。

17. 时间管理。

18. 信息吸收。

19. 立即开始（拖延）。

20. 智力随年龄增长而下降。

在关于大脑功能现代研究成果的帮助下，上述这些问题相当容易解决。这些研究包括：

→ 大脑左右皮质的功能。

→ 思维导图。

→ 超高速和变速阅读与智力突击队。

→ 记忆术。

→ 学习后的遗忘。

→ 脑细胞。

→ 智力与年龄增长。

## 大脑左右皮质的功能

大脑的左右皮质结构倾向于处理不同的智力问题已成为一种常识。大脑左皮质主要处理逻辑、词汇、数字、次序、分析、线性和列表等问题，而大脑右皮质处理节奏、色彩、想象、白日梦、空间关系和维度等。

人们现在已经认识到，大脑的左皮质不是“学术”半球，右皮质也不是“创造、直觉、感情”半球。我们现在根据大量的研究了解到，如果想获得学术和创造性的成就，必须将大脑的两半连接起来使用。

爱因斯坦、牛顿、塞尚和莫扎特等人就像某些商业天才一样，为了创造出他们的作品，能将自己的语言、数字和分析技巧、想象和预见结合起来。

## 思维导图

利用我们在“大脑功能”中学习到的基本知识，我们就有可能训练人们去解决上述领域的各种问题，这种训练通常会使人们的智力逐渐增长至原来的5倍。

达到这一目的的方法之一就是制作思维导图。

在传统的记笔记过程中，不管这些笔记是用于记忆信息、准备写作或口头交流、组织思想、分析问题、制订计划，还是用于创造性思维，标准的表现方式是线性的：要么是一些句子、一系列短语，要么就是按数字或字母顺序排列的列表。这些方法因缺乏色彩、视觉节奏、形象和空间关系，使大脑的思维能力变得麻木，并阻碍前面所提到的各种思维过程。

相反，思维导图充分利用了大脑各方面的能力，以一个主题图像为中心，并由此放射很多分支联想，形成网状思维，有利于记忆并产生创造性的想法。这种由不间断的分支联想形成的网状思维是大脑内在结构的外在表现。用这种方法，人们可以在几分钟而不是几天内准备好讲稿，可以更快、更全面地解决问题，并可以帮助你将记忆从空白提高到完美。人们通过有创意的思维导图可以得到比经过精心整理的列表多得多的想法。

### 超高速和变速阅读

通过把思维导图与新的超高速和变速阅读技巧结合起来（这种技巧可使那些具有完美理解能力的人的阅读速度达到1000字/分钟，最终达到约10 000字/分钟的有效阅读速度），人们可以形成智力突击队。

通过制作高级思维导图和使用超高速阅读技能，概括每本书及其章节的内容，交换所获得的信息，那么四个人或更多的人就有可能在一天的时间内，在他们的专业领域中，学习、综合、记忆并应用四本或更多本书中有价值的新信息。

这些技巧最近已应用于跨国企业纳贝斯克（Nabisco）公司和电子数据系统（Digital Computers）公司。它们将40个和120个高级管理人员分成四组，每个小组中的每个人都花两个小时的时间，用快速和变速阅读技巧阅读四本指定商业书籍中的一本。

两小时后，小组成员聚在一起讨论他们对所读书籍的理解、解释和信息反馈。然后，每个小组选一名代表去对另外三组做综合讲述。这一过程重复四次。每天结束的时候，两家公司的40个和120个高级管理人员走出他们的研讨室时，不仅将四本书中有价值的信息装到了头脑中，而且这些信息都经过了综合、分析和记忆。

这一方法也可应用于家庭情境中，而且世界上已经有许多家庭正在应用了。

### 记忆术

记忆术最初是希腊人发明的。我们现在认识到，这些方法完全是以大脑的功能为基础的，只要应用得当，这些方法就能奇迹般地改善任何人的记忆能力。

记忆技巧需要应用联想和想象规则，在大脑中创造形象生动、色彩丰富、富有感官享受和最终难以忘记的图像。

思维导图技术实际上是一种多维记忆术，它运用大脑内部的各种功能，把需要记忆的资料或信息关联到大脑中。

商务人士用这种记忆术来训练自己，以便完美地记住40位刚被介绍给自己的人，并同样记住上百种产品的列表及有关的情况和数据。斯德哥尔摩的IBM培训中心正在应用这种方法，并已对其为期17周的员工入职培训产生了巨大的影响。世界记忆锦标赛中也同样应用了这些方法，特别是八次获得世界冠军、纪录保持者多米尼克·奥布莱恩（Dominic O'Brein）。

越来越多的人认识到，在培训之前学会如何学习是一种良好的商业意识。这也是许多追求卓越的国际组织现在把记忆术作为各种培训课程中的“首选目标”的原因。简单的计算表明，如果将100万英镑用于培训，而由于所学习的80%的内容将会在两周内忘记，那么这意味着，80万英镑也就在两周内打了水漂。

### 学习后的遗忘

学习后的遗忘颇有戏剧性的味道：在一小时的学习之后，由于大脑融合了新的资料，因而记忆的信息量会在短期内上升；随后就是迅速下降，24小时之后，80%的细节将被丢失。

学习后仍停留在大脑中的信息量百分比大致是同样的，与输入时间的长短无关。因此，一个三天的课程大概在12周之内会被忘掉。

这是一个令人头痛的结论：假设一家跨国公司每年花5000万美元用于培训，并且在计划中没有适当的复习安排，那么在培训结束后的几天之内，4000万美元就会以令人难以置信的速度流失掉。

对记忆节奏有了大概的了解之后，不仅有可能避免这种记忆下降的问题，而且可以用增加学习和记忆内容的方式来培训。

## 脑细胞

脑细胞已成为人类知识探索的新前沿。

我们每个人不仅拥有1万亿个脑细胞，而且脑细胞之间的相互连接能够形成数量惊人的思维模型和排列。这一数字据苏联神经解剖学家皮奥特尔·K. 阿诺欣（Pyotr K. Anokhin）计算，是“1”后面加上1000万公里长的、标准打印字符大小的“0”！

大脑天生具有整合处理数以10亿计字节数据的能力，因此对大脑研究人员来说，有一点是显而易见的，即对我们固有的非凡生物计算机（其1秒钟的计算量需要价值1. 33亿美元、全球超高速计算机IBM Roadrunner计算100年）进行足够训练，将会极大地加快并提高解决问题、分析问题、优化组合、创造以及沟通的能力。

## 智力与年龄增长

当被问及“细胞老化后会怎样”时，人们往往会异口同声地回答：“会死！”

然而，现代大脑研究有一则令人愉快的消息，美国加州大学的马里恩·戴蒙德博士（Dr. Marion Diamond）已确认：没有证据表明，在正常、活跃和健康的大脑中，脑细胞会随年龄增长而减少。

相反，现有研究指出：如果人的大脑经常使用并且经过训练，会在生理上增加脑细胞之间相互连接的复杂程度，即人的智力会得到提高。

对60岁、70岁、80岁和90岁的老人的训练结果已经显示，他们在智力的各个方面都得到了明显和永久性的改善。

我们正处在全世界前所未有的人类智力大开发革命的开端。

在个人生活、教育和商业领域，从心理学、神经生理学和教育实验室中所获得的信息，正用来解决被人们看作是人类老化过程中不可避免的问题。

通过应用我们所了解的有关大脑各种功能的知识，通过运用思维导图模拟我们的内在思维，通过利用记忆的内在因素和节奏，通过应用我们所掌握的有关脑细胞以及智力可终身提高的知识，我们一定能打赢这场智力战争。

**现在停下计时器**

**所用时间：______分钟**

然后，用上文的字数（约为3750个汉字）除以所花的时间（以分钟计），计算出阅读速度。阅读速度计算公式为：

$$每分钟字数=\frac{文字数量}{阅读时间}$$

计算完毕，把得数填入下面的空白处，并在书后的进步图和进步表中也填上这一结果。

**每分钟字数：______**

## 自我测试1：阅读理解

**判断对错或选择正确答案。**

1. 英国公司中，最好的80%的公司投入了相当多的资金和时间用于培训。　　**对／错**
2. 国家奥林匹克队用于开发积极的思维定向、心理忍耐力及预见能力的时间，占整个训练时间的比例为：

(a) 20%　　(b) 30%　　(c) 40%　　(d) 80%

**3.** 第一位被任命为政府智力发展部部长的人是：

(a) 马里恩 · 戴蒙德博士

(b) 路易斯 · 阿尔伯托 · 马察多博士

(c) 多米尼克 · 奥布莱恩

(d) 柏拉图

**4.** 处理数字主要是左皮质的功能。　　**对 / 错**

**5.** 爱因斯坦、牛顿、塞尚和莫扎特之所以成功，主要是因为他们结合了下列处理功能：

(a) 数字和逻辑　　(b) 词语和分析

(c) 色彩和节奏　　(d) 分析和想象

**6.** 在思维导图中，你：

(a) 在中心放上一个图像

(b) 在中心放入一个词语

(c) 在中心什么也不放

(d) 在中心总是放一个单词和一个图像

**7.** 用超高速和变速阅读技巧，你能获得的正常阅读速度应该能超过：

(a) 每分钟500字　　(b) 每分钟1000字

(c) 每分钟10 000字　　(d) 每分钟100 000字

**8.** 已就快速阅读组成智力突击队的两家公司是：

(a) IBM和可口可乐公司

(b) 电子数据系统公司和纳贝斯克公司

(c) 纳贝斯克公司和微软公司

(d) IBM和ICL

**9.** 记忆术最初是由谁发明的：

(a) 中国人　　(b) 罗马人　　(c) 希腊人　　(d) 柏拉图

**10.** 学习一小时后：

（a）记忆的信息量会短期上升

（b）记忆的信息量会呈水平状态

（c）记忆的信息量会短期下降

（d）记忆的信息量会迅速下降

**11.** 学习后24小时，下列比例的内容将会被忘记：

（a）60%　　（b）70%　　（c）80%　　（d）90%

**12.** 人类的平均脑细胞数为：

（a）100万　　（b）10亿　　（c）1万亿　　（d）1亿

**13.** IBM Roadrunner计算机最终接近了大脑的总体计算能力。

**对／错**

**14.** 马里恩·戴蒙德博士最近证实：

（a）没有证据表明，在正常、活跃和健康的大脑中，脑细胞会随年龄增长而减少。

（b）没有证据表明，在任何大脑中，脑细胞会随年龄增长而减少。

（c）没有证据表明，在40岁以下人的大脑中，脑细胞会随年龄增长而减少。

（d）有证据表明，在正常、活跃和健康的大脑中，脑细胞会随年龄增长而略有减少。

**15.** 通过适当的训练，可在智力上获得明显和永久性改善的人的年龄，最高可达：

（a）60岁　　（b）70岁　　（c）80岁　　（d）90岁

对照本书附录检查答案，然后将得分除以15，再乘以100，换算成理解得分的百分比。

理解得分：______ /15

即______%

现在，将得分填入书后的进步图和进步表中。

## 1.3 你的结果如何

现在你已完成了首次自我测试，并已确定了基础水平。在此基础之上，你的记忆能力肯定会得到改善。为了确定你在世界众多读者中所处的相对位置，请参考表 1–1。

表1–1 阅读水平参考表

| 阅读水平 | 阅读速度（字/分钟） | 理解能力 |
|---|---|---|
| 差 | 10~100 | 30%~50% |
| 平均 | 200~240 | 50%~70% |
| 专业文化人士 | 400 | 70%~80% |
| 百里挑一 | 800~1000 | 80%以上 |
| 千里挑一 | 1000以上 | 80%以上 |

表中给出的阅读速度和理解能力范围从差到千里挑一。随着对本书学习的慢慢深入，你可以根据这张表调整你的目标。

另一种关于阅读速度的有用标准反映了阅读速度与教育水平之间的关系（见图 1–2）。

阅读速度随受教育程度增高而增长，多半不是因为掌握了阅读知识，而只是简单地因为必须在非常紧迫的时间内阅读大量的资料。

换句话说，动机才是至关重要的因素。

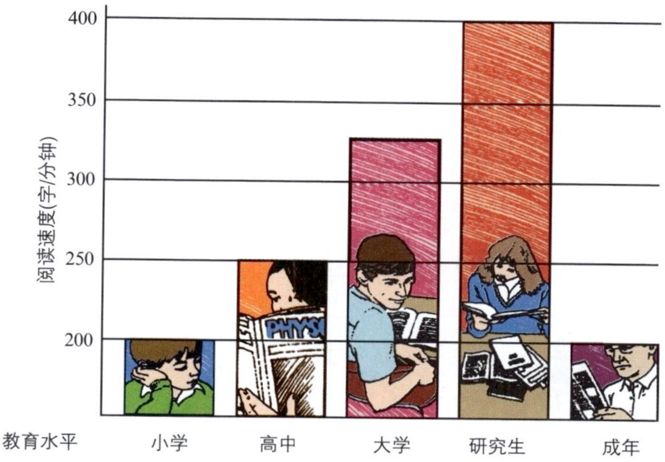


**图 1-2** 不同教育水平的平均阅读速度示意图

下述事实也进一步证实了这一点：成年人在告别正规教育之后，其阅读速度迅速下滑到小学水平。这主要是因为动力下降、没有压力。其平均阅读量也降低到每年一本书的水平。

与个别调查不同的是，当吸收了本书中的知识之后，阅读速度不但不会退回到原来的低水平，反而能在原来的水平基础之上得以提高。

你目前的阅读速度是：__________

理解能力是：____________

## 速读指南

1. 阅读速度的计算公式为：文字数量 / 阅读时间。
2. 阅读速度的范围为每分钟 10~1000 字。
3. 平均阅读速度为每分钟 200~220 字。
4. 受教育程度较高的人通常阅读得更快，这只是因为有时间的压力和较强的动力，而不是因为他们知道如何更有效地阅读。

**5.** 每个人（包括你）都能改善自己的阅读速度和理解能力（见图 1-3）。

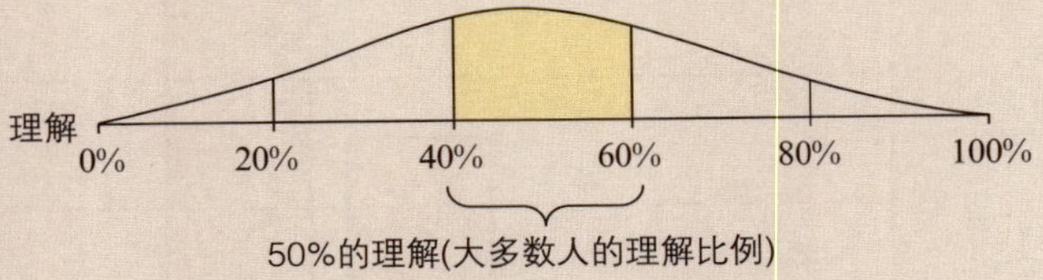


图 1-3　普通人的快速阅读理解比例曲线示意图

## 下章提示

既然你已经完成了本章的热身导读、自我测试以及理解测试，并浮光掠影地翻完了全书，接下来就让我们一起学习如何综合控制你的“数码相机”和“计算处理器”——神奇的眼睛。

第 2 章

# 控制眼睛运动

在这一章，我们将讨论关于眼睛的惊人事实，查证眼睛在阅读时是如何运动的，并介绍五种能立即提高阅读速度和理解能力的新方法。

眼睛是人们已知的、最佳的光学仪器。每只眼睛有 1.3 亿个光接收器，每个光接收器每秒钟至少可吸收五个光子（光能量束）。人眼这种神奇的机能正为人们所了解，可被人们所控制并发挥出巨大优势。

## 2.1 瞳孔大小的变化

我们已经知道，瞳孔会根据光的强度和物体的远近来调整其大小。光越强、物体越近，瞳孔就越小。

西方科学家发现，瞳孔的大小也会随感情的起伏而变化，在面对特别感兴趣的事物（如一位迷人的异性）时，瞳孔就会自动放大。这些变化虽小，但仔细观察也可察觉。各国的珠宝商许多年前就认识到了这一点。当把珠宝拿出来给顾客看时，珠宝商就特别注意观察顾客的眼睛，观察其瞳孔是否放大。当看到其瞳孔放大之后，珠宝商就知道顾客“上钩了”，然后确定合适的溢价。

作为快速阅读者，如果你对某些东西感兴趣的话，瞳孔就会放大，以便让更多的光进入。换句话说，兴趣越大，大脑就会把眼睛后面的窗帘拉得越开，使它本身在不费力的情况下接收更多的信息。

## 2.2 脑袋后面的眼睛

由视网膜光接收器解码而得到的非常复杂的图像，沿着视觉神经传送到大脑的视觉区域——枕骨脑叶。很奇怪，枕骨脑叶并没有紧靠着眼睛，而是位于大脑的后部。难怪我们在形容某人观察力敏锐时，常会说“他就像脑袋后面长了眼睛”。

控制阅读并引导眼睛在书页中捕获大脑感兴趣的信息是枕骨脑叶的职责。这一认识就为下面几章将要阐述的、革命性的快速阅读方法奠定了基础。

了解了关于眼睛的这些令人惊奇的全新事实后，人们就会清楚地认识到：传统的阅读习惯和阅读速度肯定是错误训练及误用的结果。因此，如果人们能更好地了解眼睛的功能并施以正确的训练，它的功能将会得到有效的改善。

## 2.3　阅读中的眼睛跳跃

你的眼睛如何阅读？比较奇特的一点是，它经常做一些较小的、规则的“跳跃”（见图 2–1）。这些跳跃通常每次只比一个单词的长度稍多一点，从而使眼睛从一个凝视点跳到另一个凝视点。因此，总的来说，眼睛并不是平滑地在书页上扫视。相反，它以较小的弹跳幅度从左到右、从右到左运动，或从上到下、从下到上运动，并在继续移动和重复这些过程之前，稍作停留，以吸收一个或两个单词（相应思维导图请参见图 2–2）。

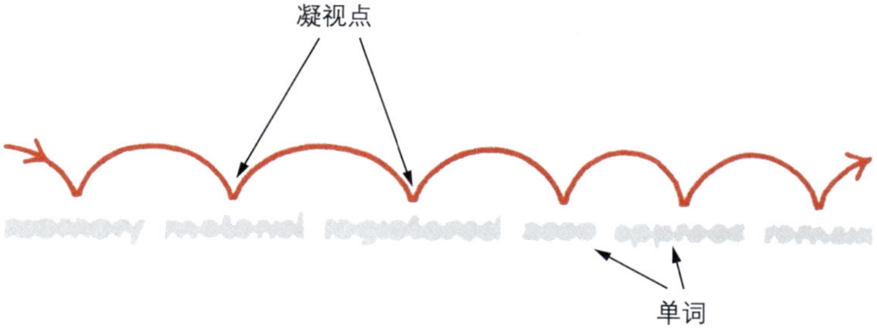


**图 2–1**　阅读时眼睛的基本行进示意图

眼睛在移动、暂停、移动、暂停时，只有在暂停期间才能吸收信息，这些暂停用去了大部分时间。由于每次暂停可能会延续 0.25~1.5 秒，因此，我们有可能通过缩短每次停顿的时间而立即提高阅读速度。

图 2–3 显示了那些阅读水平较差的读者的眼睛运动。这类读者比那些理解力好的读者耗用多一倍的停顿或他们通常所说的凝视。造成这些额外停顿的原因是，那些阅读水平较差的读者常常重复读单词，有时往

回跳两到三个，以便能正确理解单词的意思。这些回跳（几乎是习惯性地回到刚看过的单词）的习惯，以及复读（有意识地回到那些被认为漏掉或误解的单词）使得这类读者过多地使用了凝视。

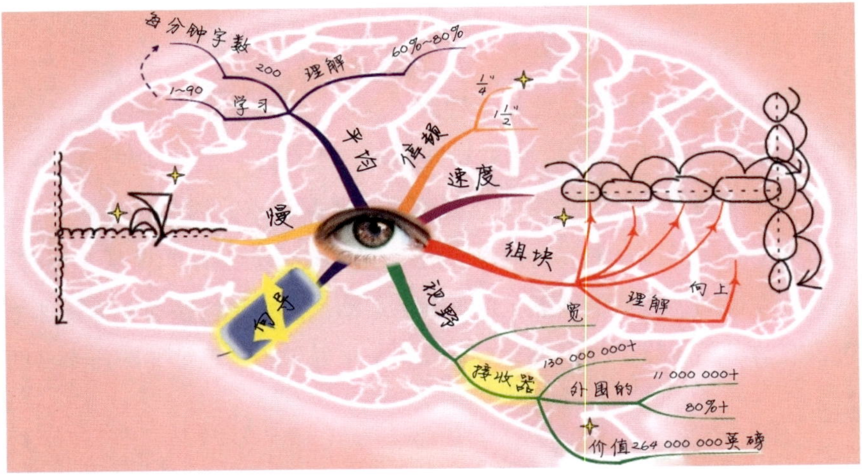


图 2-2　眼睛如何阅读

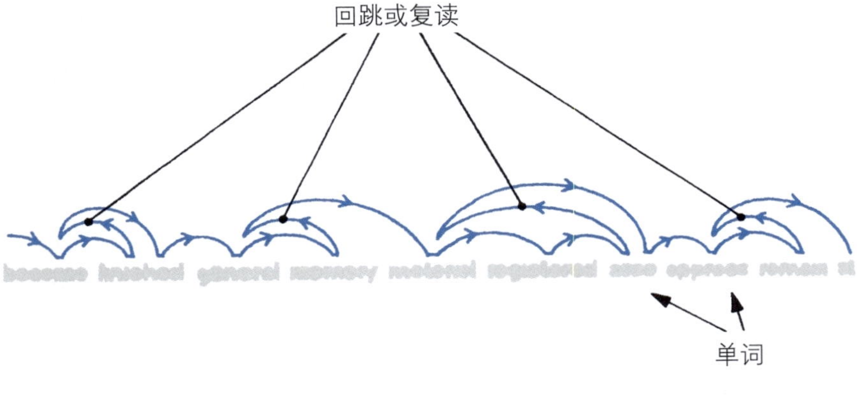


图 2-3　阅读水平较差的读者的眼睛运动示意图

这幅思维导图表明眼睛以每分钟 200 字的平均速度阅读，学习（笔记）速度范围为每分钟 190 字。相对容易的阅读材料通常可达到

60%~80% 的理解水平，但 24 小时后仅剩 20%。如果你担心不能达到 100% 的理解，那为什么要有此担心呢？事实上，你想要的是材料当中你需要的信息，而非全部信息。这是完全不同的两个概念，一旦你明白了这一点，你就不会担心“眼睛停顿”会导致理解不畅了。你肯定会错过一些信息，这是无法避免的。

实际上，眼睛以启停式方式阅读，停下来是为了“拍摄”或者捕捉所看到的东西。大脑需要集中，眼睛需要停留。阅读时眼睛的运动不像是一列高速行驶的火车畅通无阻，而像是地方铁路集散服务中心。它以组块或“凝视点”方式运动，也会回跳。因此，如何更快地阅读呢？答案是每次输入更多的信息组块（而非单个字词）。

不用担心理解问题，因为理解水平比我们想象中要低得多。

其他一些分支是指外围视野对快速阅读的帮助以及我们对用外围视野增强视觉能力的应用远远不足。你可能会说：“如果视野集中焦点，它要么尽在掌握，要么为时已晚。”因此，快速阅读的一个关键点就是要将大脑从一个清晰的焦点中解脱出来，让它在宽阔的视野中“猎取”。本书会对快速阅读的所有方面进行详细探讨。

记住：你的眼睛是一个神奇的仪器，有 1.3 亿个光接收器，每秒可吸收大量光子——数据载体。最终，快速阅读不仅仅在读书，还在读你人生的方方面面——社会、个人、发展。这正是你在解读他人表情或体会大自然时所做的事情。

研究表明，在 80% 的情况中，当不允许读者回跳或复读时，他们发现自己实际上已经理解了那些信息，并且是在他们开始阅读下一个词组时开始理解的。

快速阅读者很少陷入这种急剧降低阅读速度的、不必要的重复之中。如果每次回跳或复读大约花 1 秒钟的时间，并且每行回跳至少 2 次，那么阅读平均 40 行的一页内容将浪费 1 分 20 秒。以一本通常 300 页的书计算，1 分 20 秒乘以 300 等于 400 分钟，也就是 6 小时 40 分钟会被额外浪费在阅读上（而且没有理解）！

## 2.4　无回跳的凝视

图 2–4 显示了那些较好的快速阅读者在既没有回跳也没有复读的情况下也有较大幅度的跳跃。他们每次凝视时并非只读一个单词，而是三个、四个或五个。

如果我们假定每次凝视都占用相同的时间，并设定每次凝视平均需要 0.5 秒钟，那么就会得出一幅令人感兴趣的图画。以通常有 12 个单词的一行计，那些较差的读者每次凝视一个单词，并且回跳或复读 2 次，他将需要 0.5+0.5+0.5+0.5+0.5+0.5+0.5+0.5+0.5+0.5+0.5+0.5+0.5+0.5=7 秒钟；而快速阅读者每次凝视三四个单词，并且没有回跳或复读，他只需要 0.5+0.5+0.5+0.5=2 秒钟。

那些快速阅读者对眼睛的技巧稍做调整之后，其阅读量和阅读速度将是那些较差读者的 3.5 倍。

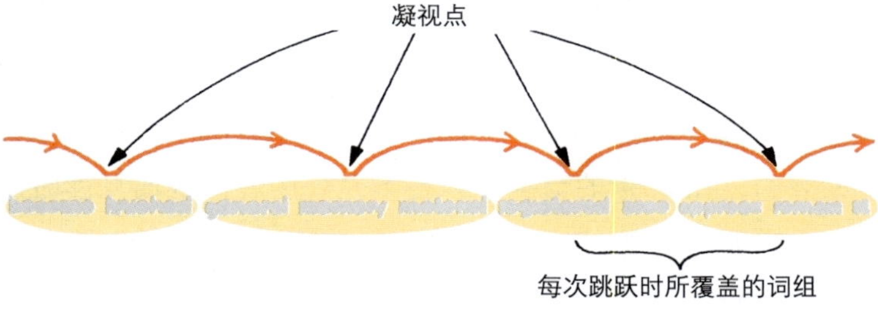


图 2–4　优秀读者的眼睛运动示意图

## 2.5 理解：“我不明白”

“等一下，”你可能会说，“我常听说，要好好理解的话，必须读慢一点、仔细一点，那么，提高阅读速度不就降低了我的理解能力了吗？”

这一假设听起来很有逻辑，并且鲜有证据说明它完全是错误的。但日益增多的研究表明：读得越快，理解就越好。

为了让你验证这一说法，请严格按列出方式阅读下列声明，采用“慢一点和仔细一点”的方式阅读，以便获得较好的理解能力。

人们——发现——快速——阅读——比——慢速——阅读——更——有利——于——理解。

困难吗？当然困难！因为大脑不是用这种慢得吓人的间隔阅读的。慢而仔细的阅读将鼓励大脑读得越来越慢，理解得越来越少，并感到越来越苦恼。

现在请看下面的句子，按照词语分组阅读：

现已发现，/ 当所阅读的信息 / 按词意 / 适当分组后，/ 在眼睛的帮助下，/ 人的大脑 / 更容易接受 / 信息。

## 2.6 快速阅读更有利于大脑工作

以每分钟四百多字的速度阅读时，大脑会觉得舒服得多（人们有趣地注意到：大多数人在估计他们的阅读速度时，会用手指以每分钟四百多字的速度在书页上移动）。

速度的提高会自然而然地带来理解能力的增强。这是因为信息按意思分块后会立即被大脑感受到。这种不断增强的理解能力也有助于记忆，因为记忆的基础就是大脑根据词意理解和组织信息的能力。

因而，你的首要任务就是消除一些不良习惯：

- 回跳。
- 复读。
- 每次凝视时吸收的字词太少。

除了根除这些不良习惯，还有一种提高阅读速度的方式。如果正常的凝视时间是每次 1 秒钟，可以试着将每次凝视时间缩短为 0.5 秒钟（这应该容易做到。记住，眼睛可以在 0.002 秒的时间内吸收信息），那么阅读速度就会提高一倍。

**练　习**

## 视觉吞食

下列练习用来帮助你更快地凝视并在每次“凝视”时接收更多的信息。这会增加你的信心并给你更多的动力去消除回跳及复读。这也将激励你在阅读时，一瞥之间就能获得更多的信息。

不管你习惯用左手还是右手，均可进行这一练习。用一张纸片盖住数字，尽可能短暂地露出一个数字，给自己不足1秒的时间去看它。这大概就是在移开纸片的同时，再立即用纸片盖住所露出的数字。

然后在紧靠数字的空白处写下所想起的数字，并检查是否正确。再移到下一个数字，从一列到另一列，一直重复这一过程，直到这一页做完为止。在不断往下做时，你会发现这些练习越来越具有挑战性，因为数字的位数是逐渐增加的。如果能做完六位数的练习而只有为数不多的错误，你就做得极为出色了。

你会发现，经过练习，你也能在一闪之间看清六位数字，从而有信心在阅读时一次吸收两个或更多的字。下列这些数字中，每个数字群都有足够的例子，让眼睛/大脑在移到下一个数字群之前，能习惯当前这一数字群。

| | |
|---|---|
| __________26__________ | __________53__________ |
| __________74__________ | __________79__________ |
| __________82__________ | __________63__________ |
| __________91__________ | __________73__________ |
| __________22__________ | __________53__________ |
| __________35__________ | __________29__________ |
| __________66__________ | __________24__________ |
| __________25__________ | __________31__________ |
| __________46__________ | __________02__________ |
| __________13__________ | __________85__________ |
| __________72__________ | __________43__________ |
| __________20__________ | __________67__________ |
| __________50__________ | __________76__________ |
| __________23__________ | __________06__________ |
| __________40__________ | __________28__________ |
| __________96__________ | __________88__________ |
| __________77__________ | __________84__________ |
| __________45__________ | __________15__________ |
| __________21__________ | __________60__________ |
| __________83__________ | __________49__________ |
| __________99__________ | __________78__________ |
| __________58__________ | __________87__________ |

18

277

833

013

736

226

129

903

271

736

813

413

908

862

832

864

865

837

747

109

251

982

825

211

267

837

03

864

825

953

425

736

490

363

646

726

411

361

058

864

956

525

737

635

737

107

747

837

215

847

880

626

| | |
|---|---|
| ________108________ | ________103________ |
| ________411________ | ________217________ |
| ________715________ | ________870________ |
| ________975________ | ________544________ |
| ________779________ | ________656________ |
| ________744________ | ________458________ |
| ________764________ | ________168________ |
| ________216________ | ________562________ |
| ________077________ | ________541________ |
| ________865________ | ________655________ |
| ________877________ | ________668________ |
| ________755________ | ________302________ |
| ________866________ | ________110________ |
| ________199________ | ________617________ |
| ________8638________ | ________7475________ |
| ________7875________ | ________7356________ |
| ________1178________ | ________1088________ |
| ________2277________ | ________2436________ |
| ________7426________ | ________8656________ |
| ________7655________ | ________6423________ |
| ________7777________ | ________6555________ |
| ________5433________ | ________6545________ |
| ________7657________ | ________5433________ |
| ________9880________ | ________8702________ |
| ________8612________ | ________0188________ |
| ________9871________ | ________0677________ |

________8766________

________3777________

________7544________

________1074________

________7654________

________8764________

________5325________

________6423________

________0653________

________8644________

________6118________

________7703________

________5423________

________8762________

________8277________

________7272________

________0177________

________8767________

________7654________

________6511________

________1075________

________9841________

________3753________

________8297________

________9275________

________5702________

________3343________

________2244________

________7702________

________7653________

________7623________

________5433________

________6543________

________7056________

________8765________

________7655________

________1154________

________8674________

________7534________

________5734________

________7374________

________8862________

________1761________

________2345________

________5433________

________6531________

________7120________

________1106________

________2754________

________1173________

________4828________

________8567________

________3089________

________2850________

________76542________

________75252________

________19866________

________44904________

________37621________

________95412________

________95339________

________15155________

________85369________

________35438________

________47721________

________76208________

________51915________

________68224________

________01678________

________82102________

________44627________

________50664________

________27392________

________99266________

________56439________

________14733________

________38657________

________63644________

________9861________

________8422________

________46533________

________64322________

________98011________

________66255________

________64533________

________27549________

________86422________

________08436________

________18643________

________74323________

________52741________

________79285________

________29477________

________13655________

________29371________

________35727________

________64652________

________45610________

________82547________

________21420________

________47539________

________49763________

________95079________

________91637________

______30080______

______17533______

______16843______

______93867______

______84611______

______12548______

______62938______

______47250______

______52952______

______07650______

______29332______

______345783______

______201896______

______456782______

______569832______

______387513______

______984764______

______298436______

______090769______

______954137______

______759484______

______656892______

______332558______

______476831______

______219575______

______857393______

______26091 ______

______14161 ______

______08222 ______

______49653 ______

______42983 ______

______60258______

______46104______

______51252 ______

______83704______

______15733______

______62969______

______987104______

______916846______

______376520______

______238755______

______452876______

______045018______

______112785______

______234743______

______564220______

______887632______

______876926______

______031410______

______517195______

______376490______

______438753______

| | |
|---|---|
| ________386280________ | ________875316________ |
| ________619474________ | ________219564________ |
| ________219575________ | ________376982________ |
| ________487615________ | ________085377________ |
| ________764973________ | ________387520________ |
| ________114874________ | ________978564________ |
| ________576330________ | ________103866________ |
| ________657894________ | ________984372________ |
| ________349715________ | ________769103________ |
| ________496511________ | ________041673________ |
| ________392588________ | ________643192________ |
| ________567682________ | ________638726________ |
| ________284191________ | ________116794________ |
| ________767936________ | ________436795________ |
| ________432615________ | ________998665________ |
| ________816155________ | ________654732________ |
| ________764130________ | ________284938________ |
| ________084503________ | ________563982________ |
| ________278402________ | ________876944________ |
| ________801019________ | ________932548________ |
| ________342988________ | ________478902________ |
| ________865014________ | ________543790________ |
| ________987655________ | ________037686________ |
| ________765839________ | ________258765________ |
| ________965411________ | ________423699________ |
| ________356794________ | ________175894________ |

| | |
|---|---|
| ________763297______ | ________538722______ |
| ________090808______ | ________443245______ |
| ________578392______ | ________121377______ |
| ________578343______ | ________987532______ |
| ________013677______ | ________467832______ |
| ________284680______ | ________538763______ |
| ________998577______ | ________105790______ |
| ________334877______ | ________857644______ |
| ________876653______ | ________664893______ |
| ________189568______ | ________356543______ |
| ________987564______ | ________467558______ |
| ________958747______ | ________465379______ |
| ________836753______ | ________556794______ |
| ________001579______ | ________567833______ |
| ________378696______ | ________189696______ |
| ________276460______ | ________354673______ |
| ________287655______ | ________801568______ |
| ________765844______ | ________968477______ |

接着继续完成下面的自我测试 2。用在本章所学的一切知识，消除回跳或复读，在每一次凝视时，时间尽量短一些并多吸收一些字。要确保在开始阅读时启动计时器，在完成阅读时立即停止计时器。

## 2.7 加一规则

简单地说，加一规则就是：只要有意识地想读得更快一些，就要将目标定得比原来最快的阅读速度每分钟再多一个字。采用这种方式，你就不会感到有压力，并且常常会发现，实际上每分钟已增加了十几个字，你会很轻松地达到既定目标，从而不断增强自信，更加快速有效地阅读。

在做自我测试 2 以及之后的每次自我测试时，还可以试用加十规则，目标就是每分钟增加 10 个字。

**自我测试 2**

现在开始计时

### 挑战你的记忆力

西蒙·海默里克

我的记忆力一向不好。我会忘记过生日，也会在答应妻子和她一起共进晚餐之后又去玩板球。我几乎记不起来给手机充电，以致周末我在爬山时无法和妻子联系，让她在家里无比担心。

我觉得这是母亲遗传给我的。她一辈子都想不起来把车钥匙放在哪儿了。几个月前，她告诉我，她好担心自己下次过完生日就到了74岁——其实她才72岁而已。

但是不为别的，就为了我的妻子不再担心，我也决定要做些努力。

我依稀知道有一位东尼·博赞大师撰写过提高记忆力的畅销书，于是我在谷歌对他进行了搜索，想看看我能否从他的书中获得帮助，结果我发现由世界记忆运动理事会举办的英国记忆力公开赛即将在三个星期后举办。于是，我就有了一个挑战。参加比赛，与本·普里德莫尔

（Ben Pridmore）这样的冠军（他可以用26秒钟记住一副扑克牌）比拼智力会不会是我需要的动力呢？公开赛的主评委菲尔·钱伯斯（Phil Chambers）准备让我参加，可是我需要一个教练。于是，他帮我联系到了艾德·库克（Ed Cooke），他撰写过记忆训练书籍，记忆运动世界排名为第18位。

艾德·库克27岁，长发，与人合住在布里克斯顿一所略显破旧的宅子里，而我正是在宅子里那放着马克杯的桌子旁，开始了基础训练。

“我会教你一些由古希腊人和古罗马人发明的技巧，将数字、扑克牌以及日期转换成图片和故事，从而有序记忆，而数字、扑克牌以及日期的记忆也是你比赛时要完成的项目。”他以一种年轻教授的口吻热切地说着，但依旧古怪。

“我们从扑克牌开始。”他说。公开赛中十个项目里有两个是记忆扑克牌。首先，我必须给每一种花色配上一类人物。红桃，按理来说，是家人；梅花，我觉得应该是运动员；黑桃是职业人士；方块是音乐家。接下来，我要给每个数字（包括J、Q、K）配上一种特质，从而明确区分相同花色中的每一张牌。例如，牌面为数字4的代表瘦子：红桃4就是我妹妹，露西（Lucy）；方块4就是凯莉·米洛（Kylie Minogue，澳大利亚女歌星）。“现在，你要学着把每个人物安插到你熟悉的路线上，比如你的通勤路线，从而按顺序记住你叠洗过的扑克牌。”艾德说，“人类非常善于记空间方位。当你走进一间屋子时，你会在5秒钟内记住门的形状、窗户的类型，这些信息量相当于一个100位的数字。”

我选择将我的人物放在我的小公寓里，然后拿到了第一张牌——梅花9。9代表智力，我定的（就像满分为10分的考试得了9分），因此，普利茅斯足球俱乐部的经理保罗·斯特罗克（Paul Sturrock）被排在了小公寓中的床上。接下来是迈克尔·杰克逊（Michael Jackson，方块K），他会躺在斯特罗克的旁边。接下来是弗雷迪·弗林托夫（Freddie Flintoff，英国板球国家队前队长），在衣橱旁站着。然后是一个律师朋友詹姆斯（James），立在大厅。就这样把52张牌全部安插到路线上，从小公寓到外面的街道再到火车站。

经过1小时的训练，我几乎可以按顺序记住整副牌，甚至在艾德说板球运动员理查德（Richard，黑桃7）位于格雷戈斯面包房外面时，发现他的错误，并纠正他其实是在楼下的卫生间。

“记得漂亮！”艾德说。

我太聪明了——我将是下一个记忆之王！

但是艾德接下来的话却让人很泄气。“要想得冠军，你需要给40~100的所有数字配上人物，这样你才能随意回想两位数字和日期。你还需要10~15条线路，因为有些参赛者能在10分钟内回想起几百个数字。然后还有人名头像记忆环节、抽象图片记忆环节以及两位数字记忆环节。”

艾德窃笑。“在两周内学会所有的东西很有挑战性。你每天都需要练习好几个小时。”他无视我担心的表情。上几周，他花时间记忆了弥尔顿（Milton）的《失乐园》，这些辛辛苦苦记下来的东西，现在已经可以背诵（或叙述）下来了。

我开始全力以赴，不过头一个星期结束时，我只能记住80个数字和人物，比原计划少了20个。妻子在健身球上来回滚动锻炼时，会喊出一些扑克牌和数字让我辨认。我很感谢她，不过她总是会连着喊“红桃5”好几次，因为我选择用美丽代表数字为5的牌，而红桃5自然就是她了。相反，她会故意避开方块5（斯嘉丽·约翰逊）。

离比赛还有5天的时候，艾德告诉我应该以5分钟回想120个数字为目标。还剩3天时，我个人的最好成绩是20分钟回想25个。两位数字记忆我已经学好了，但是艾德建议的其他环节所需要的技巧，我确信已经来不及学了。我要靠自己原有的水平了。我的天啊。

我到达比赛地点伦敦Simpson's in the Strand餐馆后，发现屋子设计得就像高级考场一样，每张桌子旁有两个参赛者相对而坐。

东尼·博赞具有伟大的领袖气质，他为比赛拉开了序幕。“这真的比奥林匹克体育运动会还要盛大！”他对现场的参赛者和嘉宾宣告。

第一轮是单词随机记忆，我面前放有一张200字的清单，5分钟内我写出了其中的21个。我对面是女参赛者中最强的对手凯蒂·科莫德（Katie Kermode），她写单词时洋洋洒洒，速度之快犹如《闪灵》中的杰克·尼科尔森（Jack Nicholson）在打字。另外一个会说四种语言的翻译至少记住了60个单词。

在第二轮两位数字记忆环节，我居然回想起60个，这让我非常惊喜，但在人名头像环节我却失败了。回想过程中，我竭尽全力，最终却只能辨认出两个人，其中一个是戴着头巾的阿拉伯人，而且当时我说服自己他叫保罗·汤普金斯（Paul Tompkins）。

第四轮是随机数字记忆，艾德的训练在此得到了回报——我用15分钟的时间记住了56个数字。然后是扑克牌环节，10分钟内我记住了16张。凯蒂尽情地写着自己记住的东西，纸几乎都不够用，不过我对自己仍然感到非常满意。

“你不是最后一名。”菲尔·钱伯斯在第一天结束时告诉我，“有些参赛者训练过度，比赛丢分了，但是你很稳健。”我欣喜若狂。其实，我是倒数第二名。

考场外，一位身穿橄榄球训练上衣、戴着眼镜的威尔士少年正为他在数字环节的表现发愁。“我觉得我说的是5、7而不是6、7。”他说。他就是名列第三的詹姆斯·帕特森（James Paterson）。“2、4、4、8、5、7、6、8？”本·普里德莫尔将他成功回想起的819个数字（新世界纪录）中的一些复述道——他是一名31岁的待业会计。“谢天谢地。”詹姆斯回答道。

第二天我信心满满地去参赛，但很快我便泄气了。一开始，我在5分钟数字记忆环节出了错，得了零分。后来的抽象形状记忆环节也很失败。接下来的日期记忆环节，我有幸得了2分。突然间，我成了最后一名，落后一个叫康纳·穆尔登（Conor Muldoon）的小伙子10分。

没关系——最后一轮是快速反击扑克牌记忆环节。我认为，那是我所练就的最擅长的环节了。5分钟后，一切都尘埃落定了。我记住了11张扑克牌。这个结果不错，但是试图进入中等行列而非最差行列的想法给我带来了压力。我紧张地读出记分卡："康纳·穆尔登——19张扑克牌。"该死。

东尼·博赞安慰了我。本·普里德莫尔打破三项世界纪录，成为世界第一。在这样的比赛中，我也不算远远落后。"我的期望总是很高，但是这比我期望中的好得多。你是在一个水平非常高的阵营里比赛。"东尼笑容满面。

是变好了。颁奖礼上，我很高兴地知道我的总分是573分，尽管与本的7798分比起来黯然失色，但也足以给我一个第369名的世界排名。

"过去几年，人们对大脑的兴趣大增。"东尼认为，"现在有了关于大脑训练的电脑游戏，有了畅销记忆书籍。1991年举办第一届世界记忆锦标赛时，只有11名参赛选手，而如今，却有来自25个国家的千万名选手。"

那么，当我在记忆运动界的位置稍有提升时，我的日常记忆会怎样？自从比赛结束后，我没丢过车，我也可以将看望父亲、观看两场足球比赛以及探望侄女这些事情安排得井然有序。

惊人的是，在大量训练后，我已能在10分钟内记住一副扑克牌。我简直就是宴会的宠儿——真希望能有时间离开宴会厅。最棒的是，我已经教会母亲用2分钟记住10张扑克牌。只是她仍旧不记得车钥匙放在哪里，不过这只是起步。

你必须记住这些……

你不必构思一套复杂的代码或者花好几个小时串联日常现象。这里有一些简单的秘诀。

如果你想记住：

- 泰坦尼克号沉没的年份（1912），只要重复念这个句子：“媒体对‘永不沉没的巨轮’泰坦尼克号的报道已接近疯狂，总是喋喋不休地（nineteen to the dozen）谈论它。”
- 拧紧螺母的方向，想想：“往右是紧，往左是松！”
- 拥有最长海岸线的国家，可以说：“为什么有一种叫作加拿大干（Canada Dry）的饮料呢？”
- 拼写“recommend”的正确方法，可以说：“我推荐你听CM&M的音乐会，因为他棒极了！”
- 25摄氏度等于77华氏度，只需要记住女王的银禧（25周年）纪念日是在1977年。
- 英国的电话区号 0044，可以说：“英国马路上的确有比例正常的四轮驱动（4×4）油老虎！”

现在停下计时器

**所用时间：______分钟**

然后，用此篇文章的字数（约为3030个汉字）除以所花的时间（以分钟计），计算出阅读速度。阅读速度计算公式：

$$每分钟字数=\frac{文字数量}{阅读时间}$$

计算完毕，把得数填入下面的空白处，并在书后的进步图和进步表中也填上这一结果。

每分钟字数：______

## 自我测试2：阅读理解

**1.** 西蒙的母亲经常忘记什么？

（a）她把手机放在哪里

（b）她把电视遥控器放在哪里

（c）她把车钥匙放在哪里

（d）她把助听器放在哪里

**2.** 据西蒙所说，本·普里德莫尔可以在多长时间内记住一副扑克牌？

（a）2分钟之内　　（b）26秒

（c）35秒　　（d）59秒

**3.** 西蒙所学的第一个记忆技巧由古希腊人和古罗马人发明。

**对/错**

**4.** 西蒙的扑克牌系统里，方块K由谁代表？

（a）弗兰克·辛纳特拉

（b）迈克尔·杰克逊

（c）艾维斯·普里斯莱

（d）比比金

**5.** 西蒙的记忆教练表示在5秒钟内用定位法记住的信息等同于：

（a）5个手机号码

（b）50个两位数或者三位数

（c）一个100位数字

（d）一个包含20件物品的购物清单

**6.** 西蒙的记忆教练正将哪本书读得滚瓜烂熟？

（a）《失乐园》　　（b）《达·芬奇密码》

（c）《哈利·波特与火焰杯》　　（d）《思维导图使用手册》

**7.** 英国记忆力公开赛的举办地点是：

（a）Rules餐馆

（b）Simpson's in the Strand餐馆

（c）斯特兰德皇宫酒店

（d）奥德乌奇斯特兰德剧场

**8.** 比赛第一天，西蒙排在第几？

（a）第三名 （b）第21名

（c）倒数第二 （d）最后一名

**9.** 比赛中，西蒙只记得两个名字和面孔。 **对/错**

**10.** 本·普里德莫尔成功地记起多少个数字？

（a）101 （b）499 （c）819 （d）909

**11.** 这是一个全新的世界纪录。 **对/错**

**12.** 东尼·博赞从哪一年开始举办世界记忆锦标赛？

（a）2011 （b）1991 （c）1981 （d）1987

**13.** 西蒙之后又取得了什么成果？

（a）只掉了一次车钥匙

（b）用10分钟记住了一副扑克牌

（c）让他的妈妈学会用10分钟记住一副扑克牌

（d）名列世界第359位

**14.** 要记住拧紧螺母的方向，可以说“往右是轻，往左是重”。

**对/错**

对照本书附录检查答案，然后将得分除以14，再乘以100，换算成理解得分的百分比。

理解得分：______/14

即______%

现在，将得分填入书后的进步图和进步表中。

## 下章提示

在读完了有关改善眼睛机能的内容后，阅读速度可以得到大幅提高是不言而喻的，而接下来的三章同样会让你的阅读速度获得大幅提高。在你继续往后阅读之前，请先创造一个有利于阅读的环境，这一点非常重要。我们将在下一章阐述这个问题。

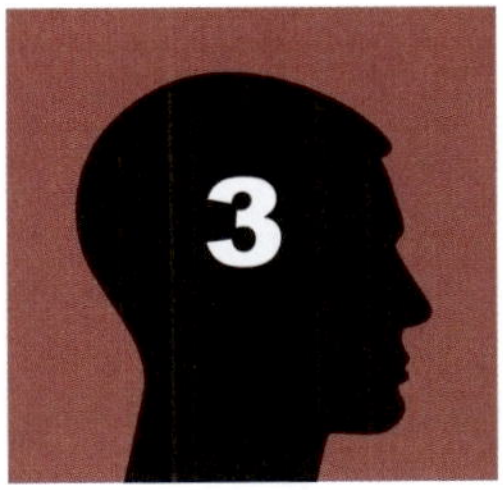


# 第 3 章 创造理想的速读环境

现在让我们一起来了解通过关注坐姿和照明等因素来创造恰当的外部环境，从而提高阅读速度和理解能力的方式。本章还将讨论如何避免因忧虑和压力等问题引起的内部干扰。内、外部环境得到优化，它们便会迅速发挥作用，产生更加积极的影响。

## 3.1　创造最佳的外部环境

### 3.1.1　光源布置和光线强度

最适合学习的光线是日光。因此，只要可能，就应该尽量把书桌或阅读平台放在靠近窗户的地方。如果做不到这一点或白天光线太弱，则应使照明光线从肩部上方对着你写字的方向射入，以避免炫目的光和阴影（见图 3–1）。如果灯的位置放得不合适，它将使眼睛感到紧张。光线的亮度应该既能适度地照亮正在阅读的材料，又不至于与室内亮度形成巨大的反差。换句话说，不应该让明亮的灯光直接照射到书上。除了灯之外，还应该有平衡的总体照明。

图 3–1　阅读时的最佳坐姿和最佳光源布置

### 3.1.2　学习资料方便易取

为了能让大脑舒适地“安顿下来”，在学习环境中应该将各种需要的材料放在随手可取的地方。这不仅可以改善注意力和理解能力，也是一种精神鼓舞。当你看到所需的材料摆放得当、容易拿取时，你就会更加喜欢手头的工作，并更加轻松地完成它。

### 3.1.3 支撑身体的舒适椅子

理想的椅子是既不太硬又不太软，并且应该有一个直的靠背（斜的靠背会导致不好的姿势、背部紧张，在做笔记时会感到不舒服）。一般来说，它应该使你既不太放松又不太紧张，并且应该支持和帮助你形成良好的姿势。跪坐椅是一个有效的选择，因为它可以让你自然而然地加强你的姿势。当你使用跪坐椅时，你可以挺直身体，平衡好脊椎。每隔一段时间，你便需要起来活动一下关节，促进血液循环。

不要坐“太舒适”的椅子。许多人在屋里放上最舒适和最诱人的安乐椅，甚至在椅子上面再加一层柔软的衬垫；在椅子前面放一个搁脚凳，以便伸展得更舒服；准备好一杯热饮料或打开两听啤酒，然后坐下来开始两小时的紧张工作——结果却发现，他们整整打了两小时瞌睡。

### 3.1.4 桌子和椅子的高度

桌子和椅子的高度都很重要。椅子的高度应足以让大腿与地面平行或稍高一点。这样将保证坐着时的主要压力由臀部底部的坐骨承受。有时一个小的搁脚凳或电话簿可以把脚垫得很舒服。寻找一张高度是73~81 厘米的桌子。一般来说，桌子的高度应该比椅面高约 20 厘米。桌子和椅子的高度、眼睛和阅读材料的距离，与使身体保持舒适的姿势等密切相关。

### 3.1.5 眼睛和阅读材料的距离

如果你像前面描述的那样坐着，那么眼睛和阅读材料之间应该是大约 50 厘米的自然距离。将阅读材料保持在这个距离可以使眼睛更加轻松地注意到字群（详见本书有关外围视觉的讨论）。这种距离也能大大减轻眼睛疲劳，以及降低因阅读而引起头疼的可能性。你可以自行证明这一点。试着把手指放到快要挨着鼻子的地方，再用眼睛盯住手指；然后，把手伸到离眼睛 46 厘米的地方，再看整只手。你将会注意到，在前一种情况下，你会感到眼睛确实很疲劳；而后一种情况则会使那种疲劳减轻许多，还能看到更多的东西。

### 3.1.6 坐姿

将你的双脚平放在地板上，背部直立，缓慢舒展你的坐姿。你微微弯曲的背部将给予身体必要的支持。如果你想坐高点而使背部太"直"，或者想要缓和背部曲线，那么你会在学习结束时感到疲劳。

如果你是坐在椅子或凳子上看书而不是写作，你会发现把书拿在手里更舒服。另外，如果你确实喜欢身子向桌前倾斜几度，不妨试着把书放在某件东西上，以便使书与桌面之间有个角度。最重要的是，要保证你坐得牢靠，任何柔软、舒适的如垫子之类的东西，将最终帮助你进入梦乡。

良好的阅读坐姿意味着：

- 良好的血液循环——大脑将获得最大程度的空气和血液供应。当脊柱上部特别是颈部被弯成曲线后，颈部的气管和主要的动脉及静脉都会被压缩。当你坐直时，通道敞开，大脑就能高效率地工作。
- 良好的能量循环——沿脊柱向上的能量将使大脑功率最大化。采取垂直坐姿时，脊椎保持轻微而自然的弯曲，这被证明有更大的能量和更大的弹性。垂直坐姿也可减轻背部下方的不适及肩膀的疼痛。

- 更高的警觉性——当身体警觉时，大脑也会警觉。当身体竖直时，大脑就会知道，某些重要的事情将要发生。当身体向前弯曲或瘫软下来时，它就通过内耳和平衡器官告诉大脑：该睡觉了。当脑袋倾斜得太厉害时更是如此。
- 眼睛的协调——眼睛可以充分利用中心及外围视觉。眼睛距阅读材料至少应有50厘米。

### 3.1.7 环境

环境会影响阅读成效。你阅读的地方对眼睛来说，应该是明亮、宽敞和令人愉快的；并且布置和装饰得特别适合阅读，符合你的品位，甚至你在不阅读时也想进去坐一会儿。

由于阅读、学习和研究长期以来一直被认为是艰苦的工作，因此，许多人把他们的学习场所弄成了一个空荡荡的、阴暗的、光线模糊的地方，里面放着质量最差的桌子和椅子。别把学习空间变成囚室，要让它成为明亮而又宁静的天堂。

如果怀疑环境的重要性，那么请你考虑，当一个特别的朋友热情地问候你并邀请你进入一间精心布置的房间（外部环境）时，你的内心感受（内部环境）如何？你必须为自己创造这种感觉，因为你将在给你这种感觉的房间里阅读和学习。学习环境应该吸引你和欢迎你。

## 3.2 避免内部干扰

### 3.2.1 时间选择

不同的时间选择往往会造成完全理解和完全不理解两种截然相反的情况。由于在学校形成的习惯，许多人从没有尝试去寻找一天中他们最佳的阅读和学习时间。

至关重要的是在不同时间段做阅读的试验，因为每个人在这方面都有高峰和低谷。有些人发现他们最佳的学习时间是在早晨 5 点到 9 点之间，另一些人则发现他们只能在晚上学习，还有一些人习惯上午稍晚的时候或下午稍早的时候学习。如果你怀疑错误的时间选择是引起不专心和理解能力差的原因，那么请尽快做试验去验证。

### 3.2.2 干扰

正如不认识的单词及复杂的概念会打断连续的注意力和理解力一样，电话、不必要的中断、巨大的噪声和分心的东西，如电子邮件、短信、收音机等会把桌子和空间弄得一塌糊涂、令人烦躁不安的东西也具有这种不良影响。

同样，你的内部环境也会让你分心。如果你正在为个人问题而焦虑，或者正在承受某种生理疾病或精神疾病的痛苦，或者总体上心绪不佳，注意力和理解力就会明显下降。注意，如果姿势正确，呼吸就会变得深沉而放松，从而让你感到更轻松。

解决上述问题的办法就是使学习环境变得不被打扰，并把它布置得有利于学习。做一些微小的改变，如将手机调至静音或转接到自动应答上，在门外贴上“请勿打扰”的幽默标志，选择合适的音乐以及关闭电脑以防止自己坚持不住去上网或者查邮件等，都有助于优化阅读环境。同时，努力使日常生活更有秩序，阅读、学习、理解和记忆等都会得到改进。

### 3.2.3 健康问题

如果你将着手一项泛读或研究计划，你应该尽一切可能保证体能符合任务要求。即使像感冒、头痛这样的小病，也将严重影响智力表现。永远不要低估头脑—身体—精神的相关度。每隔一段时间远离桌子做一些伸展运动或眼部运动，最好是去户外散步，让你的感官得到休息，这样可以让你获得更佳的状态来处理手头的任务。

**下章提示**

掌握了眼睛如何运动以及改善工作环境可以使它们更有效工作的方法后，你已经准备好了迎接下一个大跨越：通过使用一种革命性的新阅读技巧，使你现有的阅读速度再提高一倍。

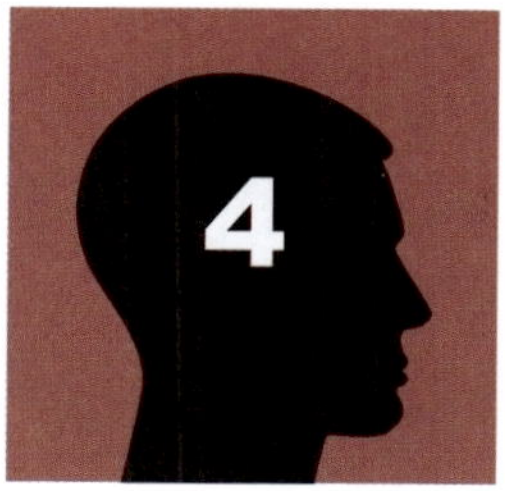


# 第 4 章
# 引导眼睛

在这一章，我们将讨论阅读时眼睛所需的“引导工具”，并掌握如何才能最好地利用它。我们会讨论细长物的使用，比如细长钢笔、铅笔、筷子或者织针。本章将向你介绍这些引导物如何工作以及如何最好地使用它们。掌握了这一点，你马上就会减少回读和复读的次数，提高阅读速度和理解能力，并增加每次凝视时眼睛吸收的单词数。有了这样一个引导物，你会发现快速阅读对你的眼睛来说轻松多了。

## 4.1 跟着手指?

当婴儿或小孩子第一次学习阅读时，他所做的第一个动作是什么?他把手指放在书上。我们立即告诉孩子把手指从书上拿开,因为我们“知道”这样做会降低阅读速度。

那么孩子为什么一开始就会这么做呢?为了保持焦点和集中注意力。

因此，当我们让孩子把手指拿开的时候，这符合逻辑吗?确切地说，如果孩子的手指移动降低了他的阅读速度，那么，为了使孩子保持焦点和集中注意力，符合逻辑的反应不该是让孩子把手指的移动速度加快吗?

这一难题需要更加深入的调查。你阅读的时候有没有用过引导工具?你将会惊讶于这一事实，即 90% 的受访者对这一问题的回答都是否定的！现在请回答下列问题。

你在下列哪些情况下用过手指、铅笔、钢笔或任何其他形式的视觉引导?

- 正常阅读时。
- 在字典中寻找单词时。
- 在百科全书或参考文献中寻找一个条目时。
- 把一列数字加起来时。
- 在要做笔记的地方。
- 把书上的某处指给其他人看，以期引人注意。
- 在电话簿中找电话号码时。

大多数人会对至少一半的问题回答“是”，许多人会对除第一个问题之外的所有问题回答“是”。问题是，不同的阅读情境下人们几乎都会用引导物。唯一不用引导物的情境是正常阅读，因为他们被告知不能用——而之所以被告知不能用，又是因为他们有一种那样做的天性。

在正常阅读时，我们被特别要求不能使用引导工具，自然也就不用了。除此之外的任何时候，我们都会使用引导工具阅读，这不是很不寻常吗？

事实上，人们对指读的偏见根深蒂固，以至于当我们走进一位高级教授的办公室，看见他正用手指指着书阅读，我们就会立即对他的智力水平表示怀疑。

那么，事实究竟是什么？是用引导工具好，还是不用引导工具好？

**练 习**

## 练习用或者不用引导工具

这个实验包含两部分，最好找个搭档一起做。

**第一部分**

**1.** 在实验的第一部分，你们两人面对面地坐着，大约相距60厘米，手臂相叠，头部不动。

**2.** 现在，你的搭档想象一个直径大约46厘米的完美的圆，这一虚构的圆应该离眼睛约30厘米。正在想象圆的搭档，严格沿着虚构圆的轮廓移动他的眼睛。

**3.** 你们手臂相叠，并且你密切注视正在想象圆的搭档，看看搭档的眼睛正在干什么。不要交换这一阶段所见和所经历的任何信息。

**4.** 正在想象圆的搭档应该感觉到自己的眼睛正沿着那个虚拟的圆周移动。

**5.** 现在，转换一下角色，你想象一个圆，并让自己的眼睛沿着圆的轮廓运动，同时让你的搭档看到这一运动。

**6.** 完成这一练习后，交换双方在对方眼睛中看到的信息以及眼睛沿圆周运动时所感觉到的东西。

几乎毫无例外，这个练习所产生的形状根本不是一个圆。它更像图4-1a所示的内凹的线，并且大多数人觉得这一练习非常难做。

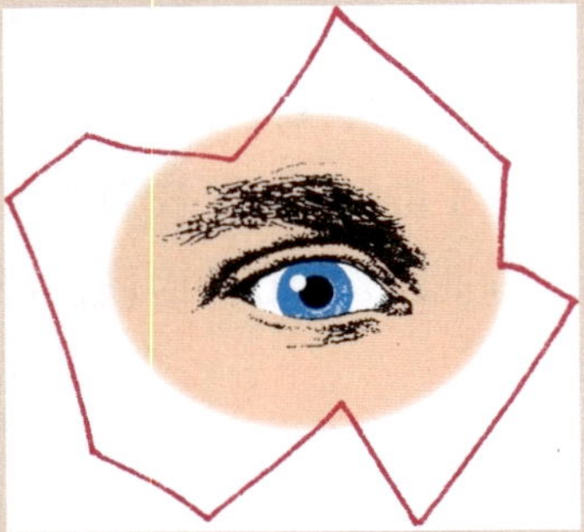

图 4-1a 眼睛在没有帮助的情况下沿圆周运动所显示的轨迹模式

**第二部分**

在实验的第二部分，你和搭档完全像之前那样坐着。

**1.** 这次搭档用他的食指，在所想象的地方画一个完美的圆。

**2.** 不画圆的你随着对方的指尖沿圆周移动自己的眼睛，并注意眼睛随指尖运动时的感觉。

**3.** 正在做引导的搭档的眼睛像之前一样，密切地随着对方的眼睛运动。

**4.** 在做这一实验时，不要把手指挥动得太快或画几个圆，也不要试图对搭档施催眠术。

**5.** 当这一实验完成后，转换角色，然后讨论你从搭档的眼睛和你自己的眼睛中注意到的东西。

大多数搭档发现，在这一练习中，眼睛随着引导圆滑地运动，并且做起来很舒服（见图4-1b）。这是因为人的眼睛是

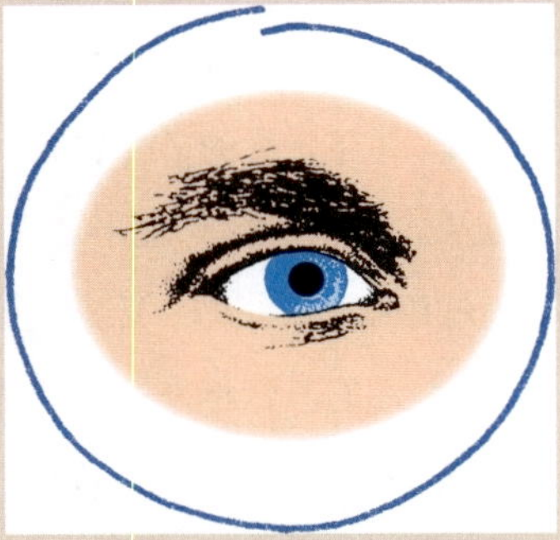

图 4-1b 眼睛在引导下沿圆周运动所显示的轨迹模式

用来做跟随运动的，它活动在能给出许多生存信息的环境中。

又一次看出，孩子的做法是正确的，你在进行信息收集时使用引导物的做法也是正确的。就像这一实验显示的那样，眼睛随着引导物运动时会更轻松和更有效率。

## 4.2 使用引导物的最佳方式是什么

由于眼睛生来就是要跟随引导物运动的，你很可能在儿童时代正常阅读时就用过引导物，你也很可能在其他阅读过程中用过引导物，因此，重拾这种技巧轻而易举。

正如本章开头所讲的那样，最好使用一个细长物体，譬如一支细长的钢笔、一根筷子或织针。这种方式的引导可让你轻松地“随着引导看”，而不会妨碍视线。故此，用手或手指就不是一个特别好的主意，除非没有其他的东西可用，因为手指和手掌都会妨碍视线。

为了最有效地利用引导工具，可以简单地将它放在你正阅读的那一行内容下面，并顺畅地随着阅读而移动。不要企图沿着理想的凝视字群断断续续地移动引导工具——当你沿着字行平滑地移动引导工具时，你正在阅读的大脑将指挥眼睛在何处停下来。

## 4.3 移动引导物

这里有一个重要的问题：需要沿整行字移动引导工具吗？

这一问题的答案可从快速阅读者“沿着书的中部往下”这一阅读的常识中找到。这一点常被误解为他们的眼睛沿着中间直线往下。情况不是这样的，他们做的只是沿着页面的中部往下阅读。

这是因为眼睛能同时看 56 个字，所以它们能很轻松地在一行开始后和结束之前凝视，从而吸收“两旁”的信息（见图 4–2）。

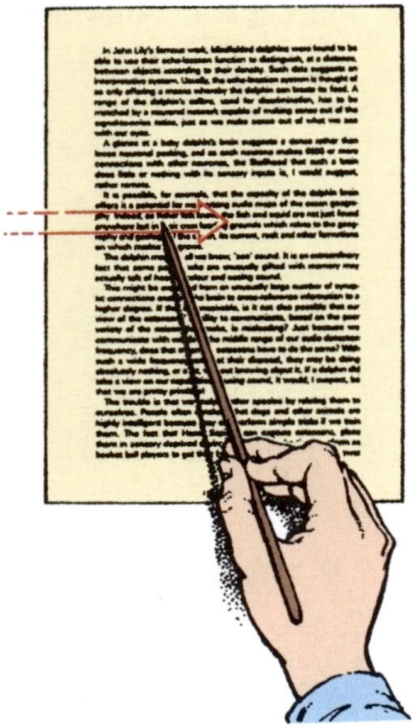

图 4–2　使用视觉引导物的正确位置示意图

因此，引导能使眼睛必须做的工作量最小化，使大脑集中注意力，使阅读速度不断加快，同时保持很高的理解水平。重建这种思维习惯所需要的时间不会超过一小时。

在自我测试 3 中，你可以把原来掌握的关于眼睛运动的知识，与你刚学过的引导眼睛的知识结合起来。练习使用引导物的明智做法是花 2 分钟的时间去阅读本书中你已读过的那些文字，然后直接跳到自我测试部分。

## 自我测试 3

现在开始计时

### 动物智慧

#### 第一部分：互相交流的鲸鱼

莫格利

一位加拿大科学家发现，虎鲸（杀人鲸）以不同的方言说着多种语言。这些方言的差别小到类似于某国的地区方言，大到像是欧洲和亚洲语言之间的差别。

## 超级智能语言俱乐部

这一发现将鲸鱼纳入了哺乳动物超级智能语言俱乐部——这个俱乐部包括人类、主要的灵长类动物以及斑海豹（目前的研究表明，其他哺乳动物发出的声音可以确定为是遗传得来的。有越来越多的研究者认为，大多数动物的语言能力远比我们先前假设的要强得多，并且有很多种类和个体在交流上都很有创造性）。

约翰·福特（John Ford）是不列颠哥伦比亚公共水族馆海洋哺乳动物馆的馆长。他研究虎鲸间的交流已达10年之久。他观察到：虎鲸的方言由口哨和它们在水下交流时用的呼叫组成。这些呼叫与鲸鱼所发出的高能量的、像声呐的“嘀嗒声”完全不同——这些“嘀嗒声”是鲸鱼游动时为了回声定位而发出的。

虎鲸实际上是海豚家族的成员之一，并且是其家族中最大的一种。对它的命名是一个错误——没有关于虎鲸攻击人的记录，相反，倒有许多关于虎鲸像海豚一样帮助人类的记录。

## 吹口哨的鲸鱼

或许应该发起一场为虎鲸重新命名的运动——如果不刻意考虑拟声因素的话，“口哨鲸”或“吹口哨的鲸”应该合适得多。

这些吹口哨的鲸鱼见于世界各大洋，从最炎热的热带到最寒冷的两极。最大的集中地是在离寒冷国家（包括冰岛和加拿大）海岸不远的大洋中。

福特研究的鲸鱼数量大约是350头，它们常年生活在离不列颠哥伦比亚海岸以及美国华盛顿州北海岸不远的海洋中。这些鲸鱼已经形成了两个不同的群体，在相邻的海域漫游。

“北部群体”由16个家族或“小群”组成，其活动范围从温哥华岛中部到阿拉斯加的东南端。数量较小的“南部群体”又分成三个小群，其活动范围从北部群体的边界到南边的普吉特湾和加里港。

很幸运的是，吹口哨的鲸所发出的大多数声音人类可以听见。因此，福特的研究就比较容易进行——他只要在船边悬挂一个水中听音器，并通过电子设备将声音放大，再把这些声音录在磁带上就可以了。

经过研究，福特已能区分每一小群的方言。他发现，每个小群平均发出12种不连续的呼叫。小群的每个成员能够发出一整套口哨声和呼叫。这些口哨和呼叫的方法，无论在质量上还是在数量上，都不同于其他海豚和鲸鱼。

大多数呼叫只在小群内使用，但也有一种或几种呼叫在不同小群之间通用。

**共同的祖先**

非常有趣的是，福特发现，这些方言在每个小群内部代代相传。这一点引导他思索，那些拥有共同呼叫的群体可能是从一个共同的祖先或一群祖先传下来的。两个小群之间的共同呼叫越多，其家族关系就越密切。

方言与小群之间的这种遗传学上的联系，能使福特估算出形成一种新方言所需的时间。“变化的速度似乎非常慢，”他说，“出现一种新的方言可能需要好几个世纪的时间。”其含义就是：某些方言可能有几千年的历史。

福特研究的一个新重点就是，吹口哨的鲸的行为与它们的呼叫之间的关系。尽管他已经发现，动物在激动时其叫声更急、强度更高、更频繁，但到目前为止，他还没有发现两者之间存在更大的关系。

福特现在相信，集体的呼叫形成了“小群识别的精细密码”，这种密码使吹口哨的鲸能识别它那一小群的同伴。这对于把小群集合在一起游动（即被称为“超级小群”）以保持“家族”在一起特别重要。

到目前为止，福特没能从口哨鲸的交流中鉴别出语法结构，但他对其声音的声学复杂性有着深刻的印象：“它们看起来具有非常发达和有效的交流方式。对此，我们目前只了解其中的部分内容。”他说：“我相信，随着时间的推移，我们将可以更好地了解这些鲸是如何高度适应它们所处的独特环境的。”

## 第二部分：海豚

迈克尔·克劳福德教授，莫格利

根据拉迪亚德·基普林（Rudyard Kipling）对学习的定义——“什么、为什么、何时、何处和谁”，许多人觉得，鲸类动物缺少其中三项，因为“没有证据”说明它们何时、如何以及为什么发生交流。几年以前，我在惠普斯拉德动物园值班时，曾看到过海豚的一些自发表演。

有三只海豚，其中一只似乎生病了，人们试图捉住它。结果它的两个同伴向它靠近，一左一右紧贴着游，防止它被网走。

解决办法是将它们赶入旁边的小水池，并放下分隔水闸门，从而使事情简单化。海豚先是挣扎了一阵，然后再次排列好，潜入池底，平静下来。它们一起用鼻子挤压水闸门底部，最终打开水闸门游走了。

这说明，它们具有处理“如何”和“何时”的能力，并且在一开始的时候就已得出了“为什么”的结论。

因此，在没有正确定义基本规则的情况下，比较人类与海豚大脑功能的尝试是没什么意义的。与智力相比，“功能”的比较可能是更合适的方法。不同的物种有不同的问题，因此设计了不同的计算机来处理这些问题。某些计算机擅长处理思维问题，另一些则更擅长处理数字。

海豚家族小脑的高度发达可能与它的三维协调方式有关。像鸟一样，海豚需要三维的协调，而这正是小脑的作用。

约翰·莉莉（John Lily）在其著作中写道：“蒙上眼的海豚能够用

回声定位功能鉴别一定距离之外不同密度的物体。”这些资料提出了一种解释的方法。一般来说，回声定位方法只是海豚确定食物的一种手段。海豚可以辨别的范围必须与能感觉出信号与噪声功率之比的神经网络相匹配，就像我们能感觉出用眼睛看到的东西一样。

对幼年海豚的大脑稍加注意，就能发现它是一种密实而非松散的神经元集合，而且每个神经元与其他神经元有6000个或更多的连接。因此，我认为这样的大脑与其感觉输入之间的关系相当密切。

例如，海豚大脑的能力，有可能使它具有记忆海底地形声波定位图的潜能。确实，就像渔民们知道的那样，鱼类和乌贼不是随处可见的，而是大量集中在它们自己的捕食地，而这些地点与海洋的地质、地貌、海流、岩石及海洋生物赖以生长的其他构造有关。

正如大家所知道的那样，海豚也许能“看见”声音。一个令人吃惊的事实是，某些被赋予了非凡记忆功能的人，据说确实能听到颜色和看见声音。

这可能需要大脑中存在大量不同寻常的神经突触连接，从而使大脑能高度地相互参照各种信息。如果这一点是可能的，那么，我们依据海豚家族发出的声音缺乏变化，从而认为它们没有交流能力，不也可能是一种误导吗？仅因为我们是用词语以我们能测到音频的中间频率来交流的，就意味着海豚家族也必须这么做吗？如果让海豚来处理这样宽的频率范围，在不了解这些频率的情况下，它们或许一事无成，或许卓有成效。如果让海豚来评价我们使用声音的能力，我猜想它们一定认为我们太原始了！

问题在于我们在分析其他物种时，总拿它们与我们相比。人们常常认为狗和其他动物是高智商的，因为它们经过训练后可以做一些简单的表演。事实是人类能捕获海豚，并让它们为获得食物而像篮球运动员一样表演。这仅仅显示出条件反射的力量，而或许丧失了一次加强物种间交流的机会。

把这些非凡动物的巨大智能简化为纯粹的表演技巧，是一种极其保守、有失风度、得不偿失的行为。

我们应该更充分地显示人类的智慧和人性，用更人性化、更聪明的办法来测试我们同类生物的各种能力。

现在停下计时器

**所用时间：______分钟**

然后，用此篇文章的字数（约为3000个汉字）除以所花的时间（以分钟计），计算出阅读速度。阅读速度计算公式为：

$$每分钟字数=\frac{文字数量}{阅读时间}$$

计算完毕，把得数填入下面的空白处，并在书后的进步图和进步表中也填上这一结果。

**每分钟字数：______**

## 自我测试3：阅读理解

**1.** 虎鲸：

（a）以不同的方言说多种不同的语言

（b）以不同的方言说一种语言

（c）以一种方言说两种语言

（d）以多种不同的方言说同一种语言

**2.** 鲸鱼属于不同于人类、主要的灵长类动物以及斑海豹的“超级智能语言俱乐部”。 **对/错**

**3.** 虎鲸的方言由其在下列何种情况下使用的口哨和呼叫组成：

（a）用回声定位游动时　　　（b）在水下交流时

（c）求爱时　　（d）有危险时的警告

**4.** 许多记录显示，虎鲸有下列行为：

（a）偶尔攻击人类

（b）经常攻击人类

（c）从不攻击人类

（d）攻击人类，但不杀死人类

**5.** 吹口哨的鲸鱼：

（a）仅见于温带海洋　　（b）仅见于寒冷的海洋

（c）仅见于大西洋和北冰洋　　（d）见于世界各主要大洋

**6.** 鲸的族群只有一个活动范围。　　对/错

**7.**吹口哨的鲸鱼发出的大多数声音：

（a）超越人类听觉范围　　（b）低于人类听觉范围

（c）在人类听觉范围之内　　（d）无法察觉

**8.** 一个鲸鱼家族平均有多少种不同的呼叫？

（a）8种　　（b）10种　　（c）12种　　（d）20种

**9.** 鲸的方言是：

（a）一种错误的认识　　（b）代代相传的

（c）一代不同于一代　　（d）基本一样的

**10.** 福特估计一种方言需要多长时间演化而来？

（a）1年　　（b）10年　　（c）一代　　（d）数世纪

**11.** 约翰·福特通过研究吹口哨的鲸的“声学上的复杂性”，最后鉴别出它们交流中的基本语法结构。　　对/错

**12.** 海豚家族高度发达的小脑可能与下列事实有关：

（a）它需要一个大的大脑来交流

（b）它以三维方式控制和协调

（c）海洋环境允许它有较大的大脑

（d）它比人类早许多世纪开始进化

**13.** 在约翰·莉莉的著作中，蒙上眼睛的海豚用它们的回声定位功能，根据物体的下列性质去鉴别一定距离之外的物体：

（a）形状　　（b）结构　　（c）密度　　（d）颜色

**14.** 对幼年海豚的大脑稍加注意，就可看出其松散的神经元集合。　**对/错**

**15.** 海豚的大脑可以：

（a）听见颜色　　（b）尝到声音

（c）看见声音　　（d）尝到颜色

对照本书附录检查答案，然后将得分除以15，再乘以100，换算成理解得分的百分比。

**理解得分：______ /15**

**即______%**

现在，将得分填入书后的进步图和进步表中。

立即使用引导工具把这一章快速重读一遍。完成后，在下次阅读报纸和杂志时也用上引导工具。偶尔用引导工具“鞭策自己”，稍微加快一点阅读以寻求感觉。这样将逐渐提高速度和理解力，就像在体育馆逐渐增加训练负荷可以增加肌肉的力量一样。

## 下章提示

你现在已从正常的读得较快的阶段踏上了快速阅读者阶梯的第一级台阶。下一章中，我们将打破许多限制，给你显示引导物的高级应用，带你进入超级快速阅读者的王国。

## 第 5 章

# 拓展视觉能力

在第 4 章中，我们知道眼睛能在每次水平凝视时吸收更多的字。本章你将要做一系列的练习。这些练习将证明，你的知觉能力可远远超过你目前已得到改善的能力（见图 5-1）。

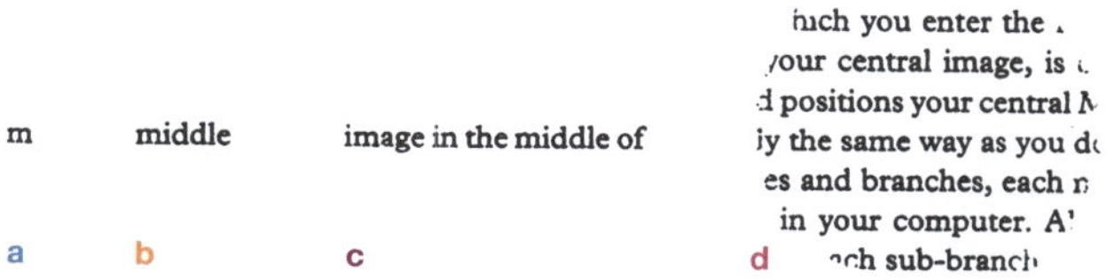


图 5-1　高级阅读者不断扩大视觉范围的过程

a. 当孩子首次用发声的方法阅读时，焦点集中在单个字母上

b. 焦点在一个单词上（差的和一般的阅读者）

c. 焦点每次集中在四五个单词上（好的阅读者）

d. 聚焦在单词群或单词串上（高级阅读者）

## 练习

### 测量你的水平视觉和垂直视觉

此练习包括两部分，具体如下：

**1.** 练习的第一部分，首先向远处笔直望去，使视线的焦点尽可能地远，把两个食指尖在离鼻梁7.5厘米（3英寸）远的地方水平地对在一起。

**2.** 开始时移动食指尖，然后沿着水平线缓慢地将它们分开，同时眼睛仍然盯着远处（见图5-2a）。

**3.** 直到指尖出了“眼角”，看不见它们运动时为止。此时你应停下来，测量水平视觉距离。

**4.** 练习的第二部分，完全像前面一样做，这次是把指尖竖着对在一起。再次移动指尖，然后缓慢地把它们拉开，直到你在视觉范围的顶端和底端再也看不见它们运动时为止（见图5-2b）。

**5.** 此时停下来，测量垂直视觉距离。

(a)　(b)

图 5-2　测量你的水平视觉和垂直视觉

## 5.1 结果

令人吃惊，不是吗？人们常常发现，他们的水平视觉比他们的手臂伸展宽度还要大，垂直视觉稍微小一些，但这只是由于眉骨的遮挡。

这怎么可能呢？答案在于人类眼睛的设置方式。你每只眼睛的视网膜中有 1.3 亿个光接收器，这就意味着你一共有 2.6 亿个光接收器。

你认为眼睛用于清晰或中心焦点以及旁侧或外围焦点的比例各是多少？请填入答案。

中心焦点：____________

外围焦点：____________

事实上，中心焦点最多使用你大脑 / 眼睛系统的 20%，外围焦点则达到了令人吃惊的 80%！这就意味着，在 2.6 亿个为你工作的光接收器中，有超过 2.08 亿个光接收器用于外围视觉。

为什么把这么大的比例用于外围视觉呢？理由是，宇宙中的大多数事件发生在中心焦点周围。对于生存来说，十分重要的是警惕环境中的每一个变化，以便指导你去想去的地方，并远离危险。

在传统的教授阅读的方法中，我们只是集中在清晰的焦点视觉上，因此我们可以利用的视觉能力只有不到 20%。即使这么小的比例，也以一种完全不正确的方式在使用。

像约翰·肯尼迪总统这样知名的快速阅读者，他们都曾训练自己利用巨大的、未开发的外围视觉的潜力，你也能做同样的事情。

练 习

### 用你的“脑眼”看

你将要做一个感知实验，这个实验很有可能会令你大吃一惊，甚至改变你的一生。在这个实验中，你要做的是把大脑与中心焦点分开，并积极地用你的“脑眼”去看。

当你读完这一段后，请翻到次页，把手指放在该页文字中间行的正下方，使眼睛焦点全部集中在某个中心词上：

1. 你不移动眼睛能看清中心词两边多少个字?
2. 你能看清你所指的词上下方各多少字?
3. 你是否能说出在该页的顶部有一个数字？如果有的话，是多少?
4. 你是否能数出该页的段数?
5. 如果你能看见图表的话，你能否粗略地确定它是什么?

## 5.2 结果

大多数人进行以上用“脑眼”阅读的练习都没有问题。这种简单的练习表明大脑可以像一个巨大的“中心眼睛”一样起作用,它能在你“生理眼睛”的镜头之后透视整个世界。

大多数人一生中把大脑限制在了直接焦点的“狭隘视野”上，更优秀的阅读者、思想家和成功人士则总是充分利用大脑的各种视觉能力。

## 5.3 中央视觉

大脑用其“中心眼睛”看东西的能力，随着《魔眼》（*Magic Eye*）丛书的出版而广为人知。这些书籍是以贝尔实验室感觉和知觉过程部的贝拉·朱利兹（Bela Julesz）教授的突破性工作为基础的。

朱利兹教授的图像由两套精致地交织在一起的圆点组成。每一套圆点形成图像的一部分。每只眼睛摄取一部分，只能看见一个平面静态的作品。精密的大脑发挥其复杂得令人吃惊的数学和几何能力，把两幅图像融合成生动的三维图画。这种图画在客观世界中是看不见的，只能在大脑中看见（图 5–3）。

## 5.4 大脑阅读

本书提供的革命性新方法，就是从现在起，你阅读时应使用你的大脑而不是眼睛作为你注意力的中心焦点。

眼睛就好像是一个有着无数镜头的木偶，而大脑才是这个木偶的主人。

未来的超级快速阅读者将是这样一些人，他们能把外围视觉与巨大的感知力结合起来（见图 5–4），一次摄入整段和整页的内容。以我们新的知识来看，这一点是极有可能获得的。要做到这一点，一种容易的方式就是用引导物把你的初级技能提高到更先进的超级引导技术（见第 8 章）。

图 5-3　魔眼插图

**注：**它由两部分组成，每个部分由成千上万个圆点组成。把这些圆点神奇地组合成一幅清晰图画的不是你的眼睛，而是你的大脑。《快速阅读》教你如何利用这个过程成为一名快速阅读者。帮助你“看清”这幅插图的一个线索就是它与本书完美的契合。（魔眼公司版权所有）

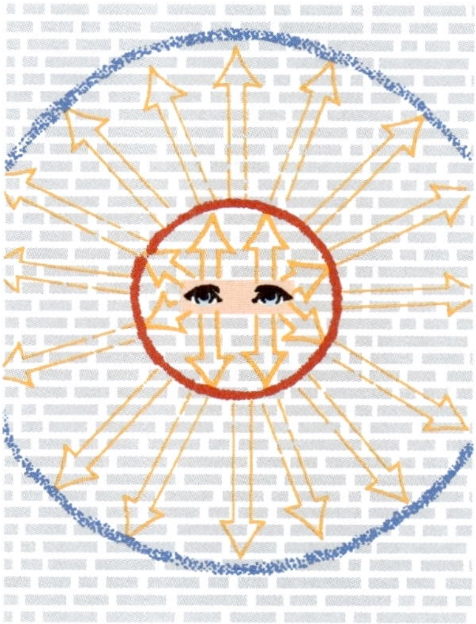

图 5-4　视觉范围图

注：当眼睛 / 大脑系统运用得当时，内圆显示快速阅读者清晰的视觉区域，外圆是也可利用的外围视觉区域。

除了使用超级引导技术之外，你也可以通过把书拿得更远一些来扩大阅读范围和加强中央视觉感知能力。在这样做的时候，你要让外围视觉把书页看得更清楚一些，就像你训练阅读时一样。

这样做的巨大优势就是，当你清晰的焦点正在阅读你注目的一行、两行或三行字的时候，你的“大脑阅读器”正在使用它的外围视觉，复习你已阅读过的内容，并预习你将要阅读的下文。以这种方式，它将极大地改善你对阅读过的材料的记忆能力，也为你预备下一步所需的材料，这很像一个侦察员正在为部队安全快速地通过敌占区做准备。

这种“软聚焦”方法的另一个优势是，眼睛完全不必绷紧了肌肉去凝视。因此，它们就不太容易疲劳，并使你感到能继续阅读更长时间。许多人发现，通过使用这种方法，脖子僵硬和头疼（许多读者的常见问题）消失了。

当你阅读任何东西时，试着使用你的“脑眼”。用引导物继续练习，偶尔也试验一下一次看两行。坚持一点：尽量使阅读材料远离眼睛，以你感到舒适为标准。

你现在已实现了从一个正常速度的阅读者（最初集中在眼睛上）到一个超级快速阅读者（开始集中到大脑上）的飞跃。

## 快速阅读四大名人

以下将介绍四位名人，他们用快速阅读提高了理解力、注意力以及记忆力。所选这几位政治家、科学家、思想家的事迹表明，速读以及对所读材料的理解、回忆和应用的能力，对一个人的成功起着重要作用。

### C. 洛厄尔·利斯教授

C. 洛厄尔·利斯（C. Lowell Lees）教授是20世纪50年代犹他大学演讲系的主任。连他自己都不知道，他的阅读速度曾带动了这一领域的一大进展。

一个年轻的学生伊夫琳·伍德（Evelyn Wood），把她80页的学期论文交给了这位教授，希望他在有空时阅读一遍，稍后再还给她。使她感到吃惊的是，他接过论文，在10分钟内阅读完毕，打好分数，然后把论文还给了她。当时她吃惊得快要晕过去了。后来成为活力阅读运动领导人之一的伊夫琳报告说，利斯教授确实阅读过她的论文。在接下来的谈话中，她发现他不仅完全熟悉她所写的每件事，包括她的所有论据，还指出了论文中的所有缺点。

假设每页有200~250个字，利斯教授就以每分钟2500字的速度阅读和完全理解了她的论文。伊夫琳·伍德受此启发，对这一领域进行了彻底研究。随后，她在犹他大学教授阅读课，并建立了自己的活力阅读学院。

**约翰·肯尼迪总统**

约翰·肯尼迪（John F. Kennedy）总统可能是最著名的快速阅读者。这是因为他在竞选活动中强调了他的智力和思维能力，并且使公众认识到，他在研究快速阅读之前，一直是一个正常的阅读者，其阅读速度为每分钟284字。

大家都知道，在他的阅读速度超过每分钟1000字以前，他一直在练习快速阅读。他还培养了以多种速度阅读的能力，使他有足够的灵活性去根据每天都必须阅读的各种材料的难度而改变阅读速度。

**安东尼奥·迪·马可·马格里奥比奇**

安东尼奥·迪·马可·马格里奥比奇（Antonio di Marco Magliabechi）与斯宾诺莎（Spinoza，荷兰哲学家）、克里斯托弗·雷恩爵士（Christopher Wren，英国建筑师）、伊萨克·牛顿和莱布尼茨爵士（Leibniz，德国数学家）是同时代的人。他1633年10月29日出生于达·芬奇的故乡佛罗伦萨。他的父母非常贫穷，无法让他接受正规的教育。他在很小的时候就去给当地的一个水果商当学徒。在商店里的业余时间，马格里奥比奇试图解读那些杂货包装纸上的文字内容。

商店的一位常客是当地的书商，他注意到了这个年轻人企图读懂面前那些难以辨认和理解的文字。这位书商把他带到自己的书店，马格里奥比奇几乎立即能认出、记住和鉴别所有的书。在书商的帮助下，他最终学会了如何正确地阅读，并开始把自己新发现的阅读能力与非凡的记忆技巧结合起来，这使他几乎能记住他所读到的全部内容（包括标点符号）。

一位心存怀疑的作家决定对这个在快速阅读和记忆方面声名日益显赫的少年进行测试。他给马格里奥比奇一份新的、他以前从未看过的手稿，让他作为消遣阅读。马格里奥比奇马上以非常快的速度阅读了这份手稿。

这件事情过后不久，作家假装遗失了那份手稿，并问马格里奥比奇能否帮他回忆手稿的某些内容。使他感到惊讶的是，这个年轻人为他写出了整本书，誊写了每个单词和每个标点符号，就像是按原稿复印的一样。

随着时间的推移，马格里奥比奇以越来越快的速度阅读和记忆了大量的书籍。他最终在阅读和吸收知识的速度方面变得非常有名。结果，各方面的专家都去向他求教，并寻求他们自己感兴趣领域的原始资料。只要问他问题，他都能根据他所阅读并自动记忆的书本，逐字地引用书中的内容来回答。

他的名气逐渐传开，最后被托斯卡纳大公雇为私人图书馆馆长。为了能掌握整座图书馆的资料，马格里奥比奇决定把他的快速阅读能力提高到几乎超越人类极限的程度。当时的报道说，他能很轻松地“浸入”一页书，并能在一两次视觉凝视间吸收整页的内容，这使获准见他的那些人都大为吃惊。他因阅读并记住了图书馆里的所有书籍而闻名一时。

像大多数天才一样，马格里奥比奇在他逐渐变老时，继续提高他的能力。他阅读和记忆得越多，他阅读得就越快，记得的也就越多。他的神奇故事继续着。到他晚年的时候，他喜欢躺在床上，周围堆满大量的书籍，其中的每一本书他都能在不到一小时的时间里“吞”下去，并依次记住它们，直到自己入睡为止。他就这样一直做着，直到他1714年81岁去世时为止。

如果马格里奥比奇的眼睛/大脑系统能取得这样惊人的阅读和记忆成就的话，那么相比之下，为什么我们却像个文盲一样在缓慢地爬行？答案看起来不在于缺乏任何基本能力，而在于我们主动地、不知不觉地把自己训练得越来越慢。换句话说，我们沿用了那些教条的方法、阅读练习和习惯，摧毁了我们以任何更快速度和合理的理解去阅读的能力。

**尤金尼娅·阿列克耶恩科**

曾八次荣获世界记忆冠军的记忆大师多米尼克·奥布莱恩在他的

《如何通过考试》一书中，讲述了尤金尼娅·阿列克延科（Eugenia Alexeyenko）令人难以置信的故事。今天看来，她的成就已达到了350年前马格里奥比奇的水平。

莫斯科科学院的一位高级研究员说："这个令人吃惊的女孩能以比她的手指急速翻动书页更快的无限速度阅读。如果不是因为她不得不用手翻书页，因而使阅读速度慢了下来的话，她能以每分钟416 250字的速度阅读。"

在基辅大脑开发中心，由科学家组成的专门小组对18岁的尤金尼娅进行了专门的测试。他们确信这个年轻的女孩以前从未看过这些测试资料，因为他们采用的是报摊上的政治和文学杂志，而且这些杂志是在尤金尼娅被隔离在测试中心的一间房子里的那一天刚出版的。

为了使她的任务难度加大，他们还挑选了晦涩和古旧的书籍，以及德国最近出版的图书，把它们翻译成尤金尼娅唯一理解的语言——俄语。

在隔离和招待尤金尼娅期间，测试者们几次阅读了测试材料并对其内容做了大量的笔记。然后，他们把两页测试材料放在她面前，看她能看多快。

结果使他们大吃一惊，就像利斯博士使伊夫琳·伍德大吃一惊、马格里奥比奇使他的同时代人大吃一惊一样。尤金尼娅在0.2秒——你一眨眼的时间里——阅读了1390个字。此后，科学家又给了尤金尼娅几种杂志、小说和评论周刊，她也毫不费力地读完了。

一位测试官说："我们询问她一些细节，这些细节常常是技术性的、一个正常的十几岁少女绝不可能理解的信息，她仍然能回答出来，这证明她完全理解了所读的内容。"

值得注意的是，在她15岁以前，没人知道这个年轻女孩的特殊能力。在她15岁那年，她的父亲尼古拉给了她一篇长长的报刊文章。2秒钟之后，她把文章还给父亲，并说这篇文章很有趣。她父亲认为她是在开玩笑。当他问她那篇文章的内容时，她的回答竟然全是对的。

尤金尼娅自己说："我不知道我的秘密是什么，那些书页进入我的大脑，我回忆'意义'而不是回忆确切的文字。我的大脑中进行着某种分析，这一点我确实无法解释。但我感觉我的大脑里好像有一座完整的图书馆！"

## 下章提示

下一章将向你介绍略读和跳读技巧，这些基本方法可以帮助我们获得所需信息的概况及细节。

快速阅读打开了一扇门，门后的世界充满了知识的金色阳光。

海因茨·诺尔登

语言学研究所成员及《知识之书》前信息编辑

第二部分

# 聚焦核心
# 速读技巧

在本部分，我们将帮你用简单而又重要的阅读引导术提高阅读速度，这些技巧包括略读、跳读、掌握段落以及最佳阅读节奏。我们同样也会突出你的眼睛 / 大脑系统所具有的不同引导技巧是如何从一整页信息中完成超级吸收的。

# 第 6 章 超级略读和跳读

跳读是寻找特定信息的过程，略读是寻找大意的过程，绝大多数快速阅读者能同时使用这两种技能。这两种技能中的每一种都能通过使用超级引导技术得到增强。本章明确描述了跳读和略读之间的差别，还设计一些观察练习，这些练习将有助于增强你的跳读能力。

## 6.1 跳读

跳读是眼睛为了寻找大脑所需的特定信息而对材料所做的扫视。它是一个比略读简单的过程，主要用于在词典中查一个词，在电话簿中查一个电话号码或人名，或者在书籍和报告中查找特定的一条信息。这种技术的应用是很简单的，只要你事先知道将要阅读的材料的基本布局就行。这个方法可以让你节省时间，而缺乏这种技能的人则浪费许多时间在错误的章节去搜寻他们所需的信息。

美国总统西奥多·罗斯福是美国国家领导人中读得最快和最贪读的人之一。他显然是从普通阅读速度起步的，并且他决定提高阅读速度。他的第一步包括扩大他最初的凝视范围，从每次停顿扫视 4 个字，逐步增加到一次凝视 68 个字。罗斯福随后练习一次阅读两行，然后沿着书走“之”字形往下阅读，眼睛每移动一次就阅读一小段。他的方法与目前顶尖快速阅读者的方法相同。狄更斯是罗斯福喜欢的作家之一，即使这样，当他阅读他的小说时仍使用跳读技术。正如罗斯福在写给儿子克米特的一封信中所说的那样：

> 关于狄更斯的小说，我总是怀着浓厚的兴趣想，为什么几乎所有他的小说中，都混合着虚伪、低级……的事情，因此聪明的做法就是跳过那些胡扯、废话和谎言，并从其余部分中获取好处。

跳读是一种自然技能。你每天都在跳读，当你从一处到另一处时，当你扫视四周以确定方向，以及寻找食物、人群、危险的事物和奇异的事情时。在阅读中，跳读是一种能够在实践中快速发展的技能。本章结尾的观察练习将对这一方面有所帮助。

## 6.2 略读

略读比跳读复杂，它类似于后面将要讨论的预习技巧。可以将它定义为这样一种过程：眼睛看着阅读材料上某个预选的部分，以期获得对所读材料的整体性理解。

略读的基本目标是确立一个基础结构，从而使“砖和水泥”可附着其上。纽约大学阅读学院的尼拉·班顿·史密斯（Nila Banton Smith）博士给略读做了一个非常好的比喻。在一篇题为《燕子式略读——你也能》的文章中，她写道：

> 燕子迅速地从空中掠过，捕捉和吞食着昆虫，同时不停地拍打着翅膀朝前飞去。即使从小溪、池塘、河流上掠过，燕子也不会停下来喝水，而是掠过水面时，用嘴巴啄几滴水。这个灵巧的生物不作停顿，也不在一只昆虫或一个池塘上花过多的精力。
>
> 燕子寻找食物和水源的方式，也许与那些有技巧的阅读者所用的方法相似。这些读者在“飞行”时掠过书页，收集他们想要的内容。通过练习，读者能很快精通于“在飞行中捕获”他们想要的东西。这就是那种每分钟能阅读1000字并能重复他们所读内容要点的快速阅读类型。

**练 习**

### 视觉吞食

完成下面的跳读练习。

**1.** 以下共有六个矩阵。每个矩阵由数行和数列数字组成。每行的第一个数字在后面重复出现，你的任务就是尽可能快地把它们找出来。

2. 自己计时，手上拿一支铅笔，迅速找出与左边第一列相同的数字并做上记号。

3. 当你做完一个部分后，记下你所用的时间。

注意：

- 练习越往后越困难，数字越来越大，并且越来越相似。
- 用这种方法训练，可以扩展“脑眼”的视觉范围，而这种视觉范围的扩大又有助于发展略读和跳读能力。
- 你可以一点一点地做这些练习，或者如果你愿意的话，也可以立即把它们全部做完。重要的是，当你做这些练习时，你必须尽可能地保持精神高度集中，使眼睛总觉得“新鲜”，而且你自己也有极大的动力。

**矩阵1**

| | | | | | | | |
|---|---|---|---|---|---|---|---|
| 28 | 93 | 74 | 28 | 57 | 29 | 39 | 77 |
| 46 | 77 | 88 | 46 | 37 | 64 | 28 | 42 |
| 52 | 85 | 33 | 68 | 86 | 94 | 52 | 44 |
| 59 | 66 | 33 | 75 | 39 | 59 | 92 | 58 |
| 63 | 55 | 28 | 70 | 63 | 34 | 22 | 96 |
| 77 | 64 | 77 | 54 | 28 | 32 | 63 | 55 |
| 96 | 68 | 44 | 27 | 96 | 62 | 51 | 54 |
| 67 | 79 | 67 | 44 | 27 | 29 | 88 | 65 |
| 11 | 96 | 02 | 55 | 11 | 66 | 33 | 72 |
| 95 | 88 | 95 | 44 | 42 | 66 | 44 | 27 |
| 34 | 88 | 66 | 35 | 29 | 39 | 47 | 34 |
| 42 | 24 | 42 | 77 | 55 | 39 | 92 | 44 |
| 28 | 55 | 84 | 28 | 66 | 89 | 38 | 65 |

| | | | | | | | |
|---|---|---|---|---|---|---|---|
| 18 | 12 | 20 | 77 | 49 | 19 | 46 | 18 |
| 85 | 55 | 32 | 77 | 36 | 85 | 33 | 59 |
| 37 | 77 | 24 | 55 | 69 | 21 | 37 | 15 |
| 25 | 54 | 25 | 57 | 79 | 95 | 24 | 13 |
| 13 | 68 | 55 | 22 | 90 | 44 | 48 | 13 |
| 57 | 88 | 57 | 44 | 25 | 77 | 52 | 44 |
| 78 | 87 | 35 | 26 | 62 | 78 | 44 | 28 |
| 20 | 88 | 66 | 20 | 24 | 48 | 58 | 33 |
| 29 | 27 | 52 | 68 | 35 | 29 | 49 | 43 |

时间______

**矩阵2**

| | | | | | | |
|---|---|---|---|---|---|---|
| 675 | 568 | 675 | 875 | 639 | 891 | 569 |
| 625 | 874 | 271 | 018 | 625 | 735 | 906 |
| 672 | 672 | 875 | 236 | 438 | 282 | 239 |
| 911 | 743 | 343 | 554 | 277 | 911 | 902 |
| 764 | 543 | 674 | 764 | 246 | 665 | 322 |
| 879 | 772 | 544 | 754 | 272 | 879 | 647 |
| 753 | 258 | 266 | 372 | 753 | 348 | 236 |
| 844 | 766 | 343 | 568 | 844 | 236 | 543 |
| 877 | 565 | 235 | 877 | 655 | 235 | 568 |
| 822 | 544 | 822 | 654 | 266 | 388 | 419 |
| 103 | 202 | 547 | 103 | 654 | 813 | 113 |
| 457 | 790 | 235 | 252 | 457 | 746 | 322 |
| 238 | 198 | 674 | 368 | 238 | 636 | 638 |
| 848 | 765 | 638 | 848 | 636 | 426 | 853 |

| | | | | | | |
|---|---|---|---|---|---|---|
| 847 | 784 | 737 | 636 | 782 | 844 | 847 |
| 336 | 772 | 327 | 874 | 336 | 764 | 873 |
| 379 | 673 | 838 | 379 | 737 | 892 | 811 |
| 282 | 537 | 282 | 987 | 254 | 654 | 272 |
| 444 | 765 | 238 | 444 | 266 | 782 | 754 |
| 658 | 690 | 343 | 562 | 676 | 658 | 824 |

时间______

**矩阵3**

| | | | | | | |
|---|---|---|---|---|---|---|
| 573 | 257 | 763 | 573 | 528 | 654 | 863 |
| 783 | 279 | 873 | 783 | 434 | 575 | 277 |
| 331 | 304 | 431 | 331 | 031 | 765 | 333 |
| 320 | 194 | 392 | 194 | 320 | 492 | 340 |
| 446 | 546 | 555 | 446 | 676 | 466 | 235 |
| 355 | 544 | 335 | 355 | 346 | 355 | 436 |
| 214 | 232 | 124 | 214 | 332 | 113 | 239 |
| 436 | 544 | 335 | 555 | 435 | 436 | 535 |
| 222 | 113 | 222 | 322 | 122 | 213 | 125 |
| 737 | 674 | 377 | 377 | 674 | 764 | 737 |
| 242 | 242 | 413 | 215 | 413 | 241 | 113 |
| 568 | 766 | 568 | 676 | 658 | 578 | 652 |
| 022 | 211 | 022 | 103 | 111 | 202 | 122 |
| 228 | 728 | 773 | 273 | 723 | 278 | 228 |
| 647 | 665 | 647 | 662 | 465 | 447 | 467 |
| 190 | 190 | 919 | 892 | 982 | 199 | 820 |
| 772 | 118 | 772 | 718 | 712 | 172 | 178 |

| | | | | | | |
|---|---|---|---|---|---|---|
| 927 | 630 | 963 | 627 | 967 | 370 | 927 |
| 203 | 023 | 021 | 203 | 221 | 211 | 202 |
| 357 | 366 | 564 | 357 | 766 | 537 | 636 |

时间______

## 矩阵4

| | | | | | | |
|---|---|---|---|---|---|---|
| 120 | 992 | 192 | 117 | 911 | 200 | 120 |
| 554 | 336 | 354 | 554 | 332 | 552 | 355 |
| 013 | 121 | 103 | 022 | 013 | 105 | 212 |
| 483 | 485 | 483 | 249 | 429 | 825 | 843 |
| 217 | 613 | 622 | 262 | 217 | 127 | 617 |
| 528 | 726 | 276 | 528 | 753 | 258 | 573 |
| 2435 | 4427 | 6579 | 6755 | 2346 | 2435 | 2344 |
| 7877 | 7876 | 7868 | 7877 | 4568 | 3426 | 1988 |
| 3457 | 3457 | 7820 | 5433 | 7690 | 4564 | 2346 |
| 5683 | 3247 | 5622 | 5683 | 7622 | 8733 | 1957 |
| 1895 | 1040 | 1895 | 4527 | 9633 | 7683 | 1673 |
| 2215 | 2242 | 5623 | 6783 | 2212 | 2215 | 4125 |
| 5463 | 5463 | 8727 | 5673 | 7890 | 6533 | 0014 |
| 6782 | 1986 | 6722 | 6782 | 7629 | 9653 | 1935 |
| 5673 | 6582 | 8727 | 6739 | 6258 | 5268 | 5673 |
| 1873 | 1837 | 1873 | 8727 | 7628 | 1827 | 7828 |
| 2002 | 1003 | 0012 | 2002 | 1774 | 1021 | 1030 |
| 2680 | 8767 | 8687 | 6547 | 6438 | 2680 | 7444 |
| 7555 | 8665 | 8766 | 7555 | 8776 | 5442 | 1645 |

时间______

## 矩阵5

| | | | | | | |
|---|---|---|---|---|---|---|
| 7524 | 6887 | 3568 | 4679 | 3479 | 5428 | 7524 |
| 8643 | 3569 | 8765 | 4589 | 8643 | 7544 | 3469 |
| 8532 | 6689 | 4489 | 8532 | 0166 | 1088 | 4672 |
| 8641 | 8651 | 6752 | 5572 | 7645 | 1754 | 8641 |
| 7302 | 1852 | 7411 | 7633 | 7302 | 0176 | 3467 |
| 3469 | 8532 | 4682 | 8752 | 3469 | 7632 | 8643 |
| 2458 | 7642 | 8644 | 4677 | 2458 | 8764 | 2476 |
| 7532 | 8642 | 3569 | 7644 | 1036 | 7532 | 8634 |
| 1876 | 1734 | 0568 | 8754 | 1876 | 8642 | 7433 |
| 8744 | 7533 | 7634 | 5689 | 8744 | 8754 | 3468 |
| 8756 | 8756 | 8876 | 5690 | 9756 | 4582 | 9752 |
| 8737 | 8762 | 8737 | 7755 | 7448 | 3569 | 7352 |
| 3469 | 7644 | 8876 | 3469 | 8754 | 1766 | 8442 |
| 1752 | 1751 | 1752 | 1742 | 8727 | 8764 | 8742 |
| 1978 | 1192 | 1978 | 7920 | 9772 | 8762 | 7792 |
| 8755 | 6755 | 8755 | 8548 | 8458 | 8745 | 8756 |
| 7654 | 7654 | 3368 | 3568 | 3568 | 5764 | 5369 |
| 1975 | 1975 | 1965 | 9148 | 7492 | 1948 | 1750 |
| 7865 | 7879 | 1756 | 7847 | 7865 | 4688 | 8747 |
| 8644 | 8649 | 8764 | 3487 | 8384 | 8644 | 3478 |

时间______

## 矩阵6

| | | | | | | |
|---|---|---|---|---|---|---|
| 8455 | 8456 | 8677 | 8455 | 4588 | 4585 | 8766 |

| | | | | | | |
|---|---|---|---|---|---|---|
| 1176 | 1185 | 1766 | 1752 | 1158 | 1176 | 7642 |
| 8644 | 8638 | 8644 | 8642 | 4387 | 4369 | 8766 |
| 6433 | 2347 | 6434 | 6543 | 6433 | 3426 | 5433 |
| 8754 | 5785 | 8754 | 8763 | 4754 | 8736 | 3569 |
| 5242 | 8462 | 5413 | 7652 | 5242 | 8655 | 5243 |
| 7646 | 7655 | 7646 | 4766 | 5477 | 4578 | 5648 |
| 8412 | 8115 | 8412 | 1842 | 8712 | 4562 | 4812 |
| 8747 | 8765 | 4678 | 6489 | 7655 | 6875 | 8747 |
| 2676 | 2575 | 2676 | 2746 | 7453 | 4528 | 4453 |
| 7171 | 7702 | 7111 | 7172 | 7102 | 7171 | 0702 |
| 8742 | 7842 | 1875 | 8742 | 7815 | 1479 | 1785 |
| 4785 | 4789 | 4786 | 8748 | 8755 | 4785 | 4789 |
| 7633 | 7633 | 7642 | 2377 | 6738 | 2374 | 3729 |
| 3452 | 3435 | 3542 | 3452 | 1436 | 1544 | 5135 |
| 7634 | 7664 | 7337 | 7764 | 6734 | 7634 | 7637 |
| 8763 | 7854 | 6538 | 8763 | 8754 | 3579 | 9358 |

时间______

## 下章提示

为了进一步提高你的跳读技巧，花10分钟去扫视词典，找出你知道并喜欢但不知其精确定义的词。从现在起，在你阅读的任何东西上练习跳读和略读技能。你刚学过的略读和跳读技能是一种理想的技巧，它可使大脑进入奥林匹克运动员所描述的“最佳状态”。下一章将介绍如何预选段落，从而通过跳读和略读来捕捉文章大意。

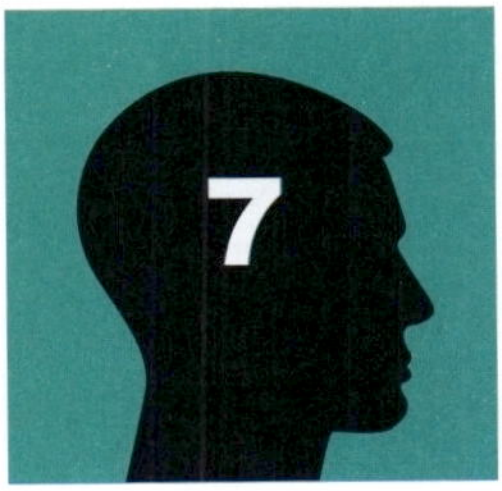


# 第 7 章
# 增强段落分析能力

前一章我们讨论了略读的过程。在略读时，我们可以从所读材料中预选出某些部分来阅读，以便对所读材料形成一个整体的认识。本章中我们将讨论段落结构，这也将使你有机会练习略读技巧。

## 7.1 说明性段落

说明性段落是作者解释某一特定的概念或观点的段落。它们通常比较容易识别，也比较容易理解。说明性段落的开始一两句通常给出所解释或讨论内容的总体想法，最后一两句将是结果或结论，中间部分则是详细的论述。根据你阅读的目的，在开始略读时，你将能够恰当地分配注意力。

## 7.2 描述性段落

描述性段落通常是为下文做铺垫或为上文做补充的。这些段落常常用于渲染或润饰主题，因此与那些介绍主要内容的段落相比，就显得不是那么重要。当然，也有一些例外情况，其中关于人或物的描述是非常重要的。在这种情况下，你通常也会意识到它的重要性，并能给予适当的注意。

## 7.3 连接性段落

连接性段落的作用是把其他的段落串在一起。像这样的一些段落通常包含一些关键的信息，因为它们趋向于总结前文及展开随后的内容。例如，“前述的进化论现在将在生物化学基因研究最新进展的背景之中来讨论”这个简单的句子给了我们大量的信息，囊括了我们所阅读材料的部分内容。因此，连接性段落可以被当作向导以及预习和复习的有用工具。

## 7.4 段落结构与位置

你怎样才能利用段落的结构和它们在文章中的位置来提高你的阅读效率呢？最重要的是认识到：在报纸和杂志文章中，开头和结尾的几段常常包含了大部分重要信息，而中间的段落则是些细节。如果你所阅读的材料是这种类型的，那么在略读时，应重点关注开头和结尾的一些段落。

有些作者在开始时喜欢先“清清嗓子”，在第三或第四段才开始真正触及文章的“肉”。在这种情况下，读者应该在这些段落再集中注意力去阅读。

关于段落结构，你可以使用两个窍门来帮助你理解和保持注意力。第一个窍门是在阅读时，为每一段的主题和次要主题设定一个关键词。这种练习将迫使你在阅读时深入材料并思考。最终，你的目标应该是在不中断阅读的情况下，提高你选择这些关键词的能力。用这些关键词，特别是采用思维导图的形式，你就完全有可能记住整本书的全部细节。事实上，用关键词搭配图像便能组建起思维导图的基本架构。用这个窍门，继续练习至少四个不同的段落。

第二个窍门是当你通读一个段落时，把第一句与其余部分联系起来，并予以判定：

- 是介绍。
- 是过渡。
- 是总结。
- 与后面的词句实际上没有任何关系。

用这个窍门，继续练习至少四个不同段落。

## 下章提示

知道如何分析段落就等于给了你分析阅读材料的能力。下一章将介绍九种互不相同而又相互联系的实用阅读引导术，助你继续提高阅读速度。

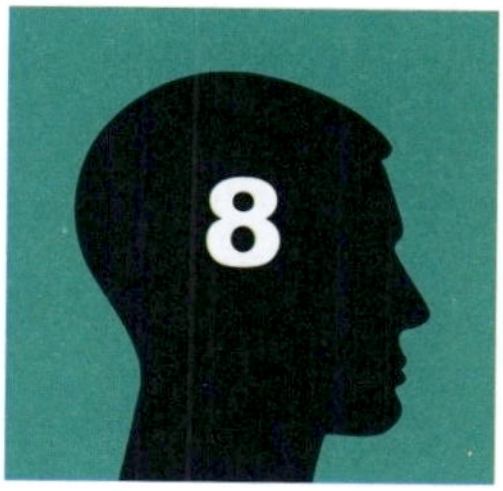


# 第 8 章

# 九种速读引导术

本章将给你提供九种主要的实用引导技术，以帮助你强化和控制外围视觉和中央视觉感受。

## 8.1 照相式记忆能力

翻开这本书的任何一页，浏览一秒钟后你能记住某个字词、图表、形状和句子吗？你会再次识别这一页吗？当我们这么做的时候，就是在摄取信息。如果你怀疑这一点，想象一下，当你开车在山路上突然拐过一个弯时，你所看到的景象：许多小车和载重卡车朝你开来，许多车辆与你同行；一棵棵树木、成千上万幢房子、许多小鸟及动物，等等。所有这些都在几分之一秒的时间内映入视野。相比之下，一页纸上的几个单词是多么的微小——所以你完全能在一瞥之下将它们收入大脑。

你将要学到的这些技巧，将能使你完成一些加速阅读运动的试验，包括垂直及水平外围视觉。你将会把眼睛 / 大脑系统的外围视力、中心视力 / 焦点以及惊人的快速成像能力结合起来。

这些技术可用来预习、略读、跳读和调查，并可看作提高阅读速度、开发外围视觉的练习，是眼睛能力的全面“训练”，是快速阅读者正在寻找的最佳正常阅读练习。本章最后将给出几个练习以及一些激动人心的方法，帮助掌握这些新的阅读技巧并提高阅读速度。

## 8.2 阅读引导术

### 8.2.1 双行扫视

双行扫视（见图 8-1a）与你开始时用来引导眼睛的技术是相同的，唯一的差别是你每次连续摄入两行。

为了正确地做好这一练习：

a

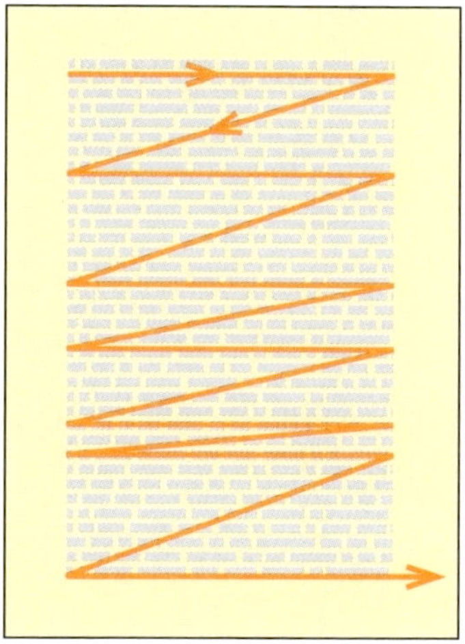

b

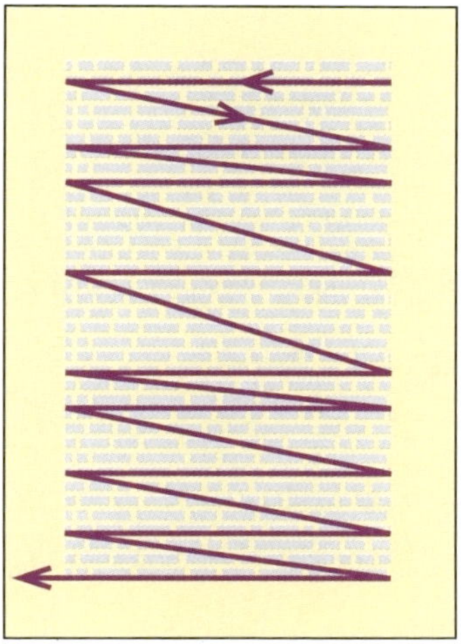

c

图 8-1　超级引导术

a. 双行扫视

b. 可变扫视

c. 反向扫视

1. 请在两行文字之下平滑、和缓地移动引导物。
2. 在往回扫视时将引导物离开书页几毫米。
3. 然后再次在接下来的两行文字之下平滑地移动。

双行扫视是让大脑习惯于同时使用垂直和水平视觉的最佳方式。这可能比你预期的还要容易，许多民族把垂直视觉作为人们的主要视觉。例如，日本人几千年来一直喜欢垂直视觉而非水平视觉。类似地，音乐家们在阅读音乐作品时，常需要把垂直视觉与水平视觉结合起来。如果你会阅读音乐作品的话，你应该可以把你已掌握的技术应用到双行扫视上来。

### 8.2.2　可变扫视

可变扫视（见图 8–1b）除允许你每次摄入你觉得能摄入的许多行之外，其他地方与双行扫视是相同的。高级快速阅读者通常每次扫视 2~8 行。

### 8.2.3　反向扫视

简单来说，反向扫视就是“倒着”阅读（见图 8–1c），它的优点是，让眼睛在回扫时吸收信息而不是简单地回到下一行的开头，这可使阅读速度立即提高一倍。

乍一听，这似乎很荒唐——倒着阅读难道不会在大脑中留下一堆混乱、无意义的词语吗？——想想你的眼睛只能通过集中注意力来获取信息，而且通常是以五六个单词为一组来抓取的，你便知道这并不荒唐。如果你每次凝视时摄入五六个单词的话，到现在你应该能很轻松地做到这一点，你每次凝视时所看到的是按正确顺序排列的单词。因此，倒着阅读与正常阅读基本上是一样的，你大脑必须做的唯一额外工作，就是把一大堆意思按顺序排列，这一点很像拼图游戏。不管怎样，当你在阅读下列句子时，大脑就在做着这样的工作：

那些相信正常阅读速度可超过每分钟1000字的人是对的。

在这个例子中，大脑必须让所有前面的词处于“等待”之中，直到大脑接收最后一个词，才能使其他词的意思明了起来。倒着阅读时的过程是一样的。倒着阅读比你想象的要容易。在反向扫视时，手的移动方式与双行扫视和可变扫视时完全一样，只是颠倒一下方向。

下面的六个技巧是更加高级的视觉引导运动。“S”形、“之”字形、圈形、垂直波形和简易“S”形在不同阅读速度和不同角度的情况下均可采用。对深度阅读来说，阅读每页内容可能需要 30 秒。对练习、调查、预习和复习来说，每页 10 秒钟就足够了。

双边引导技巧，即一根手指沿着书页的左边往下移动，同时视觉引导物沿书页的右边往下移动的技巧。它是一种主要用于研究型阅读的技术，并能通过做左、右两边的视觉引导运动而变成垂直波形引导技巧。

### 8.2.4 “S”形

“S”形技巧（见图 8-2a）结合了正向和反向扫视技巧，可用于单行扫视、双行扫视及可变扫视。

### 8.2.5 “之”字形

“之”字形技巧（见图 8-2b）是一种非常高级的阅读引导技巧，特别适于利用整个外围视觉区域。在这一技术中：

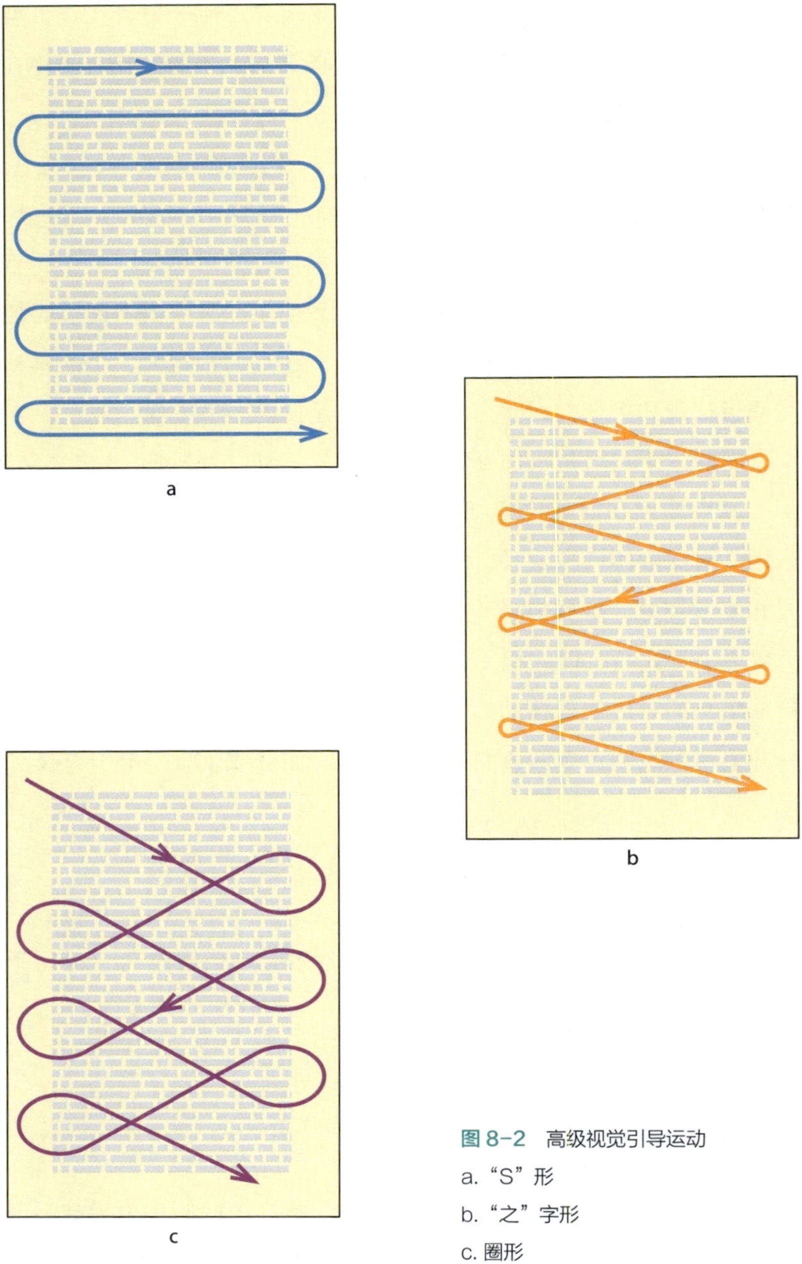

图 8-2 高级视觉引导运动

a.“S”形

b.“之”字形

c. 圈形

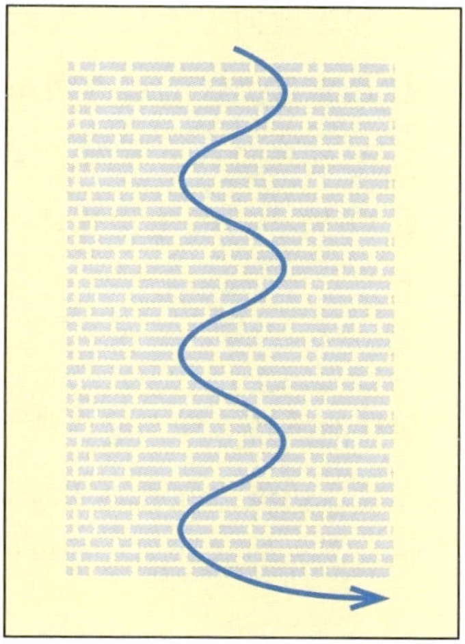

d

e

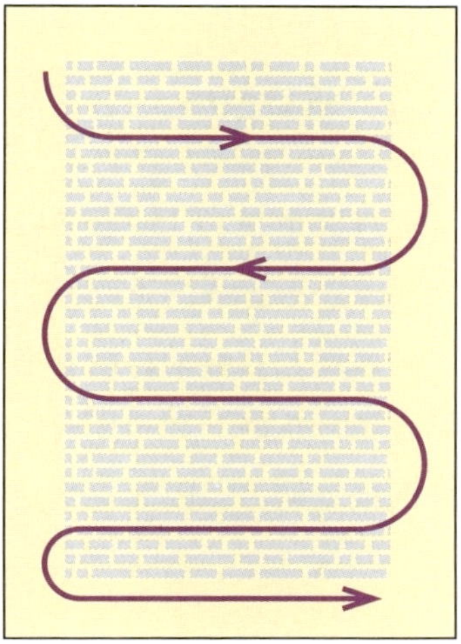

f

d. 垂直波形

e. 双边引导

f. 简易“S”形

**1.** 和缓地向下面几行沿对角线移动引导物。

**2.** 在靠近边缘的地方做小针孔式扫视。

**3.** 回过来向本页下面继续沿对角线移动。

**4.** 在另一边的边缘做小针孔式扫视。以此类推，直到你到达本页的底部。

和其他技巧一样，这一技巧可在水平方向上延长或缩短，允许你以所需的方式在边缘之间移动引导物，或者在页面 2/3 的中间区域内移动引导物，使水平外围视觉能摄入靠近边缘的信息。

### 8.2.6 圈形

圈形（见图 8–2c）在形式上类似于“之”字形，唯一的不同就是小针孔变成了一个较大的正文区，这一区域可在一次柔焦[①]凝视中摄入。

圈形技巧是一种特别有节奏的技巧，受到高级快速阅读者的喜爱。

### 8.2.7 垂直波形

垂直波形技巧（见图 8–2d）常常使无知者相信快速阅读者能在书页上沿着一条直线向下阅读。事实上，他们的眼睛是有节奏地呈波状滑行，轻微地左右移动，沿着书页的中间部分往下移动。由于垂直波形技巧结合了“正向”和“反向”阅读技巧，并能最大限度地使用垂直和水平外围视觉能力，因此它是一种理想的技巧。

① 柔焦是摄影术语，指使用柔焦镜头或在镜头前加柔焦滤镜等方法，使拍摄的影像达到细腻柔和的效果。——译者注

### 8.2.8 双边引导

双边引导技巧（见图 8–2e）使用两个引导物，常常是一根手指在一边，而标准引导物在另一边，两边一致平滑地沿页边缘向下移动。同时，你的眼睛大量地吸收着两者之间的信息。

这一技巧的最大好处是允许大脑指挥眼睛应该往哪儿看。如果你已确立了阅读要达到的总体目标，那么你位于中间区域的眼睛或者焦点将找出必要的信息。你没有必要强迫眼睛去凝视某个特定的区域，大脑将会处理一切。

### 8.2.9 简易“S”形

简易“S”形（见图 8–2f）结合了基本“S”形、“之”字形和垂直波形的要素。事实上，可将它看成每种技巧的一个较大的翻版。在这一技巧中，你只需要简单地沿书页往下构造一大串正的、反的“S”。一般来说，五次水平和稍微垂直的运动就可完成一页的内容。

## 8.3 快速阅读者的故事

这里有一个关于运用超级引导技术的最富戏剧性的故事。曾有一位 35 岁的女士参加了我办的快速阅读班，课程为每隔一周一次，共八次，每次三小时。在授课期间，当要介绍超级引导技术时，课堂上必须使用圈形、垂直波形或简易“S”形作为预习小说的超级快速技巧。完成整本书的时间限制是 5 分钟。

那天，那位女士灰心丧气地离开课堂，并表示：尽管她在每一页都使用了这项引导技术，但什么也没有理解，并且她“找不到要点”。

在随后一周的课程中，用同一篇小说做练习，学生们必须使用一种引导技术去阅读并很好地理解。那位女士选择了基本的“S”形技巧，并和全班其他人一起开始进行15分钟的练习。5分钟后，教室的沉静被一声尖叫打破了！那个女士喊道：“我知道了！我知道了！我知道了！”她说，当她开始习惯使用引导技术后，那本书对她来说就像曾经看过的电影一样自己打开了，并且她觉得这是她在看第二次。实际上是她的大脑已经把整本书照下来了，并深藏在她大脑视觉皮质的某个地方。当大脑再次受到刺激时，这本书就浮现了出来。

**练　习**

## 视觉吞食

下面的数字练习将有助于你开发垂直和水平视觉的意识。鉴于此，每组数字都有两行。敞开然后再盖上这两个数字，每次只给自己一瞥的时间。在旁边的虚线上写出你认为你看见的数字，然后检查。当你练习过几个数字之后，请翻到自我测试4。在开始阅读之前，选择你喜欢的超级引导术，然后朝着你目前的个人快速阅读纪录冲刺！

28　　　　　　　　84

92…………………　21…………………

94　　　　　　　　14

07…………………　68…………………

93　　　　　　　　35

12…………………　56…………………

86　　　　　　　　48

74....................
06
93....................
57
72....................
30
66....................
73
16....................
03
48....................
71
95....................
39
68....................
96
04....................
53
18....................
08
42....................
41
40....................
39
15....................
83

99....................
18
10....................
39
51....................
74
33....................
84
28....................
98
32....................
39
18....................
47
13....................
70
15....................
94
75....................
29
65....................
78
70....................
73
31....................
14

40....................
56
14....................
94
016....................
18
964....................
68
922....................
46
921....................
04
962....................
49
763....................
91
217....................
86
103....................
93
184....................
37
629....................
94
060....................
46

77....................
93
36....................
18
936....................
93
148....................
25
096....................
84
695....................
98
277....................
77
194....................
04
185....................
27
976....................
60
414....................
22
050....................
32
281....................
18

299…………………
37
276…………………
07
330…………………
13
966…………………
95
563…………………
52
380…………………
50
064…………………
11
693…………………
695
802…………………
938
805…………………
463
592…………………
907
818…………………
953
832…………………
711

504…………………
95
706…………………
20
063…………………
30
411…………………
84
392…………………
78
163…………………
72
927…………………
63
832…………………
592
033…………………
153
408…………………
916
863…………………
106
763…………………
909
753…………………
063

393....................

512

937....................

830

148....................

602

935....................

291

175....................

784

421....................

594

208....................

440

618....................

128

483....................

058

983....................

163

975....................

805

194....................

254

110....................

494....................

508

342....................

174

673....................

725

163....................

408

853....................

591

744....................

422

906....................

807

945....................

705

912....................

614

937....................

731

147....................

853

902....................

395

707....................

现在你已为自我测试4做好了准备。当你阅读自我测试时，要保证在每一次"视觉吞食"时都摄入大量的词语，并用引导物来帮助你，把书拿得离你远一些，从而充分利用外围视觉和"大脑阅读"的能力。

## 自我测试4

现在开始计时

### 我们是宇宙中唯一有智慧的生物吗
### ——外星人的智慧

东尼·博赞

在哥伦布发现美洲大陆500周年的那一天、那一个小时，甚至精确到那一分钟，人类不仅开始用有史以来最大的努力去寻找新大陆，还试图去发现新的智慧生命。

1992年10月12日，大西洋标准时间下午3点，波多黎各岛阿雷西博的天文学家们打开了当时功率最大的射电望远镜；在同一时刻，靠近加利福尼亚巴斯托的Goldstone跟踪站也打开了另一台望远镜。上百名物理学家、天文学家、计算机程序员和技术人员满怀期待地注视着控制面板。许多台超级计算机监听着数百万个无线电频道，搜寻着任何携带智慧生命特征的信号。这种信号将可以证实大多数科学家多年来的信念：我们在宇宙中不是独一无二的。

这个耗资1亿美元的SETI（Search for Extra-Terrestrial Intelligence，探索外星智能）计划，完全由美国宇航局领导，至少会持续到2000年，希望发现外星智慧生命所发射的无线电波。这些无线电波可能近在昨天或远在100亿年以前就以光速向地球发射。

与这一任务相比，先前天文学家弗兰克·德雷克（Frank Drake）在

1974年所做的对外星智慧最伟大的探索也相形见绌。德雷克当时用的是阿雷西博射电望远镜，其有效功率为20万亿瓦。他用这一望远镜向2.4万光年外的武仙星座中较大的星团发送编码信息。

这种测试宇宙智慧的信息，首先是由德雷克在康奈尔教授俱乐部的午餐会之后介绍给天文学家卡尔·萨根（Carl Sagan）的，萨根是“大脑年度奖”的决赛选手之一。根据德雷克的设想，萨根很快就完成了大部分编码。

这些信息从头到尾显示：

**1.** 二进制的计算方法。

**2.** 地球生命的重要分子。

**3.** 遗传物质DNA的化学分子式。

**4.** 显示DNA分子的双螺旋形的图像，最终形成的是人类的头像。

**5.** 太阳和九大行星（地球被拎出来，以便显示我们居住的地方）及传送信息的无线电天文望远镜。

当前的行动规模是如此宏大，工程精度是如此之高，以至于我们在三天里所听到的，比德雷克自1970年开始他第一次试验以来22年里所听到的还要多。在新的尝试中，世界各地至少有六台射电望远镜一直保持着警惕；阿雷西博的碟形卫星天线——直径300米——灵敏度已提高了三倍，并已设计了特别的软件来解释信号。62岁的德雷克是位于圣克鲁斯的加利福尼亚大学的天文学教授，还是加利福尼亚SETI学院的院长。他说：“没有什么比这种想法更令人着急的了，即太空中的外来文明所产生的无线电信息现在正穿过我们的办公室和家，而我们却听不见这些像耳语一样的信息。”

### 眼　睛

世界上最大的射电望远镜完全不同于业余天文爱好者所用的传统光学

望远镜，甚至也不同于加利福尼亚的帕洛玛或夏威夷等天文台的巨大管状望远镜。阿雷西博望远镜是一个宽为304米（1000英尺）的穿孔铝锅，它被安装在地上的一个巨大的洞中。在锅的上方，数百吨重的钢铁天线用电缆连接着，电缆则连接到周围山顶的铁塔上。

射电望远镜在设计上类似于电视卫星接收天线，它能将射向它的各种无线电波聚集到中央数据接收点，在那里接收器接收和处理信号。

这些“地球的眼睛”是如此敏感，以至于在1987年，一台新的超级计算机连到了位于莫哈韦沙漠中的Goldstone望远镜上后，它能轻松地检测到1972年发射上天的“先锋号”10个探测器发出的1瓦的微弱信号。当检测到这些信号时，“先锋号”正在数十亿公里外的太空中飞行！

射电望远镜在寻找外星智慧方面是十分有用的，因为星体发射的无线电波是不规则和随机的，而智慧生物所用的无线电波将形成某种模式，这种模式很容易被示波器这类监视器检测到。

搜寻可以证实外星智慧存在的非随机无线电波的想法，最初是由德雷克和康奈尔大学的物理学家朱斯普·科康尼（Giuseppe Cocconi）及菲利普·莫里森（Philip Morrison）等人于20世纪50年代中期提出来的。1959年，科康尼和莫里森在科学杂志《自然》中写道：“……成功的可能性难以估计，但如果我们不去寻找的话，成功的机会就是零。”

### 历史上最划算的交易

对那些怀疑这些努力是否值得的人，德雷克指出：特别指定用于SETI的1.35亿美元，不足美国宇航局年度总预算150亿美元的1%。“当你考虑到成功的结果时，”德雷克说，“这应该是历史上最划算的交易。”

预算中相当大的比例用于购置新的计算机设备，它既能增强接收能力，又有助于解释信号。

这些大型的“电脑”将“感知”大量的宇宙无线电信息，它们将之分散到几百万个频道，并会筛选数据，为人类观察者精选出可行的模式并判断其可能性。

在这些“电脑”后面有一个非凡的头脑，他完全依靠自己的能力：物理学家肯特·卡勒斯（Kent Cullers）一出生就是个盲人，从未看见过在示波器上显示的无线电通信信号，更别说星星了。他对宇宙的热爱来自他的父亲。在卡勒斯5岁时，他父亲就给他念一本名为《天文学金典》（*The Golden Book of Astronomy*）的书。“有可能有另外的世界需要去发现，这种想法激起了我的想象，”卡勒斯回忆道，“究竟是什么给了我们的地球以‘视觉’？”这个问题令他产生了无尽的想象。他尝试着赋予他的自动信号处理程序以另一种“视觉”，即《生活》杂志所描述的“第二视觉”——一种能识别那些令人生疑的智能信号的系统，而这些信号用别的方法听起来，除了更像是大锅炉嘶嘶作响发出的声音之外，什么也不是。

美国宇航局的项目负责人吉尔·塔特（Jill Tarter）教授相信（她的同事也相信）：其他的智慧生命确实存在。她和同事们预想存在着一个巨大的由不同的智慧文明所组成的社会，这些文明相隔太远，无法社会化、殖民化和互相残杀。来自它们的任何信息什么时候都可能到达地球。而这些信息也许是几百万年以前就开始送往地球的，而当时我们的文明还不存在。即使该计划确实捕捉到他们所寻找的“地球外”信号，那又怎么样呢？塔特教授说：“收到的任何信号都是全人类的财产，它们是发往行星地球的，不是发往美国宇航局的。经过数千年的怀疑之后，所有的人类都应该知道，我们不是独一无二的。”

**作为守护者的人类**

阿瑟·C.克拉克（Arthur C. Clarke）是著名科幻小说《2001

年——太空漫游》（*2001—A Space Odyssey*）的作者及未来主义者。他相信：这种探索有巨大的科学和道德价值。

他在《生活》杂志中写道：

> 无论以后会发生什么，对地球外生命的探索可能会改变我们先前对宇宙的看法。至少它将证明：不管我们在晚间新闻中会看到什么，智慧确实有生存价值。
>
> SETI代表着最可能的探索形式，如果我们停止探索，我们就不再是人类了。

但如果假设关于SETI的所有设想都是错误的，智慧生命只出现在地球上，当然就不可能证明：在我们的探索范围之外几光年的地方可能存在着外星智慧生命。然而，如果监听和搜寻了数个世纪之后，我们没有发现外星智慧生命的信号，便有足够的理由假设我们是唯一有智慧的生物。

那将是所有可能性中最令人生畏的一种。我们必须从现在开始，懂得我们对地球这颗行星的责任：如果我们真的是银河系的唯一继承人，那么我们也必须承担起作为它未来监护人的责任。

孤独地存在了数百万年以后，人类智慧可能在近几十年内认识到：地球生命在宇宙中有同伴。

现在停下计时器

**所用时间：______分钟**

然后，用此篇文章的字数（约为3020个汉字）除以所花的时间（以分钟计），计算出阅读速度。阅读速度计算公式为：

$$每分钟字数=\frac{文字数量}{阅读时间}$$

计算完毕，把得数填入下面的空白处，并在书后的进步图和进步表中也填上这一结果。

**每分钟字数：______**

## 自我测试4：阅读理解

**1.** 人类何时开始付出有史以来最大的努力去发现具有智慧的新生命？

（a）哥伦布发现美洲大陆100周年纪念日

（b）第一颗卫星发射50周年纪念日

（c）哥伦布发现美洲大陆500周年纪念日

（d）没有特定的历史日期

**2.** SETI代表“探索外星智能”。 **对/错**

**3.** 美国宇航局正在搜寻那些可能远在多少年以前就以光速传往地球的无线电波？

（a）100万年前　（b）1亿年前

（c）10亿年前　（d）100亿年前

**4.** 先前最伟大的尝试，即1974年开始的寻找外星生命的尝试是由谁发起的？

（a）弗兰克·德雷克　（b）卡尔·萨根

（c）肯尼迪总统　（d）门萨

**5.** 1974年，科学家试图把编码信息朝哪个星座最大的星团发射？

（a）朱庇特（木星）　（b）猎户星座

（c）武仙座　（d）天蝎座

**6.** 编码信息中包括了代表太阳和九大行星的信息。 **对/错**

**7.** 在新的尝试中，世界上至少有多少台射电望远镜始终保持着警惕？

（a）2台　（b）4台　（c）6台　（d）8台

**8.** 阿雷西博望远镜是一个宽大而打孔的铝制锅，它安装在地面上一个巨大的洞中，其直径为：

（a）30.4米（100英尺）　　（b）152米（500英尺）

（c）228米（750英尺）　　（d）304米（1000英尺）

**9.** 射电望远镜可将多少射向它的无线电波聚焦于一个中央数据接收点？

（a）25%　　（b）50%　　（c）75%　　（d）全部

**10.** 星体发出的无线电波是：

（a）不规则和随机的　　（b）不规则但不是随机的

（c）不随机但是不规则的　　（d）规则并且不是随机的

**11.** 在SETI搜寻“电脑”之后的“头脑”之所以非凡，是因为：

（a）他有世界上最高的智商

（b）他最初对天文学并没有兴趣

（c）他生来就是盲人

（d）他最初是一名医学博士

**12.** 谁被说成给予了地球视觉？

（a）弗兰克·德雷克　　（b）肯特·卡勒斯

（c）吉尔·塔特　　（d）伽利略

**13.** 吉尔·塔特教授希望但并不相信其他智慧生命确实存在。

**对/错**

**14.** 阿瑟·C.克拉克说过：“SETI代表着最可能的探索形式。如果我们停止探索，我们就不再是______了。”

对照本书附录检查答案，然后将得分除以14，再乘以100，换算成理解得分的百分比。

理解得分：______/14

即______%

现在，将得分填入书后的进步图和进步表中。

## 8.4 练习阅读引导术的小窍门

- 刚开始练习这些引导术时，求速度而不求理解才能收到很好的效果；然后，马上以你正常的速度加以练习。通过这种方法，你的大脑便会习惯高速阅读。
- 最好采用已经阅读过的材料开始这些技巧练习，这样可以一举两得：复习已经读过的东西，同时为你的眼睛/大脑热身。
- 完成本章后，用每种引导术阅读本书中你已经读过的所有内容。阅读过程中，尽量将速度加快到你的极限。
- 将各种超级引导术至少练习5分钟。练习时，力所能及地改变速度和理解深度。为了让大脑适应这一技术，5分钟是必需的。
- 以各种速度练习超级引导术。许多人有些惊讶地发现：当他们以慢速阅读时，几乎没有理解能力；但以某种特定的节奏来阅读时，对内容的理解突然变得相当清晰。

**下章提示**

你在本章所学的阅读引导术对掌握第9章将要学到的节奏性阅读技巧尤其有用。

第 9 章

# 加快阅读节奏

本章将对开发大脑节拍器的观点进行探索。节拍器最为人们熟知的用途是作为一种音乐装置，以有规律、可调节的时间间隔发出一种稳定的响声或闪光，从而记录时间。美国总统托马斯·杰斐逊是有名的高智商人士，他将自己的阅读速度描述为“永远镇静，甚至庄严，就像一个高高的红木挂钟嘀嗒作响一样”。杰斐逊凭直觉意识并预料到节奏式阅读和节拍器方法的发展。你的眼睛 / 大脑只需要进行微调，便能够适应每分钟相对较快的节奏或节拍，也就相当于每分钟更多的阅读量。

假如你正沿德国高速公路以每小时 90 英里[①]的速度疾驰，同伴突然挡住时速表并要求你立刻减速到每小时 30 英里。在这种情况下，你认为把速度降低到多少“那就是每小时 30 英里了”？大多数人的估计是在每小时 50~60 英里之间。他们是对的（见图 9-1）。

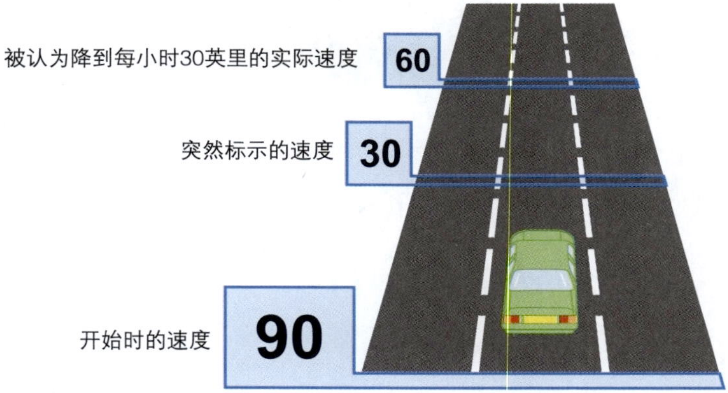


图 9-1　大脑如何“适应”速度和运动这类相对的“错误观点”，有助于我们学到更多

造成这种明显谬误的原因在于，我们的大脑已经适应了新的标准，并将所有体验都与这种标准比较。大脑适应新标准的非凡能力现在正应用于许多领域，包括奥林匹克训练。举个例子，用一条绳索将赛跑运动员固定在跑步机上，然后将跑步机逐渐加速到超过运动员最快纪录的速度，同时鼓励运动员以适当的速度运动他们的腿。绳索带给他们一种安全的感觉。经过一系列这样的练习后，他们中的许多人都能打破他们原有的纪录，因为他们的大脑 / 身体系统已经习惯了这种新的、较快的标准。

① 1 英里 =1609.344 米。

## 9.1 提高每分钟的节拍

大脑天生的可调节性也可以通过节拍器应用到提高阅读速度方面。节拍器的使用方法多种多样。

你可以在各大电商平台购买传统或数字节拍器。

开始时，沿视觉引导线每一拍就表示一次敲击。以这种方式，你可以建立一种规则的、固定的和连贯的阅读节拍并保持下去，从而避免随着时间的流逝而出现阅读速度降低的现象。一旦你建立了一种“可能的”阅读速度，节拍器就可以提高到每分钟一拍，阅读速度从而也将得到改善。

节拍器的第二个主要用途是相对的快速阅读训练。在这一训练方法中，你可将节拍器设置到异常高的速度，进而强制眼睛 / 大脑系统适应这种非常高的新标准。这种训练形式使你能通过建立新的高标准来“自我提高”。然后，你就把速度降到你觉得很舒适的“慢”速度，这一速度其实仍比你原来的速度快两倍！

以下是一系列专门设计的练习，它们可使你迈上高速阅读理解之路。

**练 习**

### 高速练习

以下练习可以使用你认为最合适的阅读引导术。

**1.** 选择一本你可以一直使用的书，以正常的速度阅读5分钟。在书后的进步图和进步表中记下你每分钟阅读的字数。

**2.** 自行选择一本书（轻松的读物），最好是你感兴趣的。

**3.** 目标是尽可能多地理解，但要记住，这一练习主要是集中在速度上。在这一练习中，你每个阶段都应该从你上次结束的地方开始。

（a）用比你正常最高阅读速度快100字每分钟的速度练习阅读。

（b）用比（a）快100字每分钟的速度阅读。

（c）用比（b）快100字每分钟的速度阅读。

（d）用比（c）快100字每分钟的速度阅读。

（e）用比（d）快100字每分钟的速度阅读。

（f）从（e）结束处开始练习阅读并理解1分钟，然后计算并在书后的进步图和进步表中记下你每分钟阅读的字数。

**4.** 高速练习1。

（a）找一本容易点的书，从某一章的开头开始。

（b）用视觉引导练习阅读，以每次3行、每分钟最少2000字的速度阅读5分钟，然后在你停止的地方做上记号。

（c）在4分钟内重读到记号处。

（d）在3分钟内重读到记号处。

（e）在2分钟内重读到记号处。

（f）从记号处开始继续阅读5分钟，理解水平要与（b）相同。

（g）以正常的理解水平阅读1分钟，在书后的进步图和进步表中记下你每分钟的阅读字数。

**5.** 高速练习2。

（a）找一本容易点的书，从某一章的开头开始。

（b）用视觉引导，以每页4秒钟的速度扫视1分钟。

（c）从开始就以每分钟不低于2000字的速度阅读5分钟。

（d）可能的话重复这一练习。

（e）以正常的理解水平阅读1分钟，在书后的进步图和进步表中记下你每分钟阅读的字数。

**6.** 练习眼睛在水平或垂直方向上的移动，从左上角向右下角沿对角线移动，然后从右上角向左下角沿对角线移动。每天加速一点点。这一练习的目的是使你眼睛的功能更精确、更具独立性。

**7.** 以每页大约两秒钟的速度翻阅100页，从上往下快速移动眼睛（做这一练习时可分成2次，每次2分钟）。

**8.**（a）以尽可能快的速度阅读1分钟，不要理会理解的水平。

（b）带着理解的动机去阅读1分钟。

（c）计算并在书后的进步图和进步表中记下你每分钟阅读的字数。

在时间允许时重复这一练习。

在你完成了大量这样的高速练习之后，你可以直接做自我测试 5。在开始正式的阅读之前，你最好以每页 2 秒钟的速度快速跳读和略读整个测试，确保大脑已经为比快速扫读过程获取更多信息做好了特别准备。

## 自我测试 5

现在开始计时

### 婴儿的大脑

苏·怀廷（Sue Whiting）

婴儿大脑的早期发展阶段是大脑神经剧烈活动的时期。在这一时期，大脑细胞之间的连接以疯狂的速度形成。因此，大脑无论什么时候开始学习都不算太早。

**大脑的暴发**

与其他器官相比，大脑完全发育成熟所需的时间要长得多，并且它的生长模式也明显不同。其他大多数器官的基本发育是在子宫中完成的。随着身体的成长，器官通过细胞分裂而增大。但是，大脑在出生之前就已经完成了其细胞发育过程——这就是婴儿的头部看起来与其身体的其他部分不成比例的原因。

近十年所做的研究是以之前的证据为基础的，即当大脑还在子宫里的时候，就通过自发地产生信号的方式开始了细胞之间的复杂连接。在受孕之后大约八周，第一次“大脑暴发”开始（术语“大脑暴发”与大脑的不断发展有关）。再过五周，大多数脑细胞就形成了。第二次“大脑暴发”在出生前约十周开始，并持续到出生之后两年。第二次“大脑暴发”时期是脑细胞剧烈活动的时期：脑细胞之间的连接更精致、更协调、范围更大。脑细胞之间连接的增加导致大脑迅速增长。在出生时大脑的重量约为其成年重量的25%，在六个月时约为50%，在两岁半时约为75%，在5岁时则约为90%。

**认识世界**

研究显示：孩子出生时，对人类的声音表现出积极和明确的响应。一段新生婴儿的高速影片在慢放和逐帧检查时显示：婴儿某些部位微小的动作与父母发出的特定声调和只言片语同步，而其他非人类的声音则不会引发这样的反应。这就暗示着：当婴儿还在子宫中时就已学会了某些语言技能。婴儿在子宫中听过母亲的心跳声，这种声音能被婴儿识别并具有安抚的作用。

汤姆·鲍尔（Tom Bower）在爱丁堡大学所做的关于婴儿感知的研究表明：婴儿出生后所体验的是一个三维的世界。通过使用一种分化的“镜片”，使左眼和右眼看见不同的图像，他创造了一个视觉上的错觉，让婴儿觉得自己面前有一个实心物体。鲍尔发现，即使是新生的婴儿也会伸手触摸这个看似存在的物体。一旦婴儿摸到的是空荡荡的空气而不是实在的物体，他就开始哭叫。这表明：在出生时，婴儿期待的视觉物体应是摸得着的。这显示出视觉和触觉的简单一致性。

### 光线和声音

爱丁堡大学所做的其他实验表明：光线和声音也有影响，婴儿会把头转向有声音，特别是有母亲声音的方向。这些实验还表明：婴儿生来就具有辨别好闻气味和臭味的能力，他们会将头恰如其分地转过来或背过去。

婴儿也能识别人类的面孔。罗伯特·弗兰茨（Robert Frantz）是凯斯西储大学的一名研究员，他向刚出生一天的婴儿选择性地出示图片：一个人的面孔、公牛的眼睛、新闻纸或彩色圆圈。他发现婴儿比较喜欢人的面孔，大多数婴儿看人脸的时间比看其他图片的时间多得多。卡耐基梅隆大学的马克·约翰逊（Mark Johnson）对刚出生10分钟的婴儿做了类似的实验，并观察到他们明显偏爱人的面孔，但不太喜欢空的椭圆或乱糟糟的面孔。根据约翰逊的实验，这就意味着人类在出生时就有关于面孔的“模板”，这将有助于辨明食物来源、温暖和保护所在。

那些被当成人与之讲话而不是被当成小动物去咯咯逗笑的婴儿，有更多的机会学习语言。一个丰富的幼年环境，如父母一方或双方有意识地帮助婴儿提高感觉的体验，会加快和鼓励孩子的发展。早在1952年，阿伦·斯特恩（Aaron Stern）就认定一个有意识刺激的环境对他的女儿艾迪斯会有好处。从出生起，他就尽量与她多谈话（不是儿童式的谈话），给她演奏古典音乐，并给她闪烁数字或动物的卡片。这一方法已为无数父母采纳和应用，并取得了非常积极的效果。

### 斜坡、阶梯和轮子

为了评估丰富多彩的环境对大脑成长的影响，加利福尼亚大学伯克利分校的马克·罗森韦格（Mark Rosenweig）让第一组幼鼠在一个满是斜坡、阶梯、轮子、隧道和其他刺激物的笼子里生长，将第二组留在一个空荡荡的笼子里。105天之后，他检查了两组幼鼠的大脑，结果显示：在环境复杂的笼子里生长的幼鼠大脑比另一组幼鼠大脑有更多的连接。前者的大脑细胞也多15%，神经细胞体也大15%，也许最重要的是与其他神经细胞有更多的连接。

大多数婴儿研究认为，人类的核心知识就好像是被编成了生物学程序，不仅数学知识和物理学知识是如此，其他认知能力也是如此。至于这些核心知识是何时被程序化的目前尚不确定。1988年加利福尼亚技术学院发明了一种多电极装置，自此才有较大的可能去检测和测量哺乳动物幼仔的大脑细胞在子宫中时的相互刺激，以及生成、协调和改变连接。关于这样的神经活动方面的工作表明：脑细胞之间的连接是在“大脑暴发”期间形成的，而不是每个神经连接都被储存在我们的基因里面。假定数百万个连接需要在大脑里形成，则前述的理论将仅需储存很少的遗传信息。这就意味着：基因图谱受影响的时间是婴儿在子宫中及幼年时。

**天性与教育**

上述是一些比较新的假设，需要做许多工作来发展和论证。这些假设还应加上至关重要的、对天性和教育的新思考。

在那些涉及许多理论、研究和结论的研究领域中，在给定合适的刺激后，婴儿所展示的潜力继续鼓舞着父母们。教育的重要影响给了父母们机会，能让他们以自认为合适和切实可行的方式尽可能地帮助子女。

无论是由于基因程序，还是由于婴儿在子宫中及在关键的头几个月中所形成的神经之间的连接，我们对婴儿的思维能力的认识在不断增长。无论父母用什么方式去鼓励和加强孩子的智力发展，有两个关键点必须考虑。

第一，必须遵循连续性。一个能力比同学强的学生也许会故意退缩不前，以避免与众不同或出于嫉妒的嘲笑。

第二，应该真正地尊重和培养孩子的希望及兴趣。在已经投入了大量的时间、感情和期望之后，父母们必须意识到，不要过多地在意自己劳动的成果如何。关键是孩子的幸福和满足，而父母的欢乐在于积极参与。

现在停下计时器

**所用时间：______分钟**

然后，用此篇文章的字数（约为2380个汉字）除以所花的时间（以分钟计），计算出阅读速度。阅读速度计算公式为：

$$每分钟字数 = \frac{文字数量}{阅读时间}$$

计算完毕，把得数填入下面的空白处，并在书后的进步图和进步表中也填上这一结果。

**每分钟字数：______**

## 自我测试5：阅读理解

**1.** 人类的大脑：

（a）在受孕时脑细胞就已经完全形成

（b）脑细胞在出生之前就已经完全形成

（c）脑细胞在出生一个月后就完全形成

（d）在出生两年之后脑细胞才完全形成

**2.** 第一次“大脑暴发”始于：

（a）受孕时　（b）受孕后大约八周

（c）受孕后大约四个月　（d）出生前大约一个月

**3.** 第二次“大脑暴发”大约开始于：

（a）受孕后八周　（b）受孕后十周

（c）出生前十周　（d）出生前四周

4. 出生时，人的大脑重量占成年时大脑重量的百分比大约是：

（a）10%　　（b）15%

（c）25%　　（d）40%

5. 在六个月时，人的大脑重量占成年时大脑重量的百分比大约是：

（a）25%　　（b）40%

（c）50%　　（d）75%

6. 在两岁半时，人的大脑重量占成年时大脑重量的百分比大约是：

（a）50%　　（b）75%

（c）80%　　（d）90%

7. 在5岁时，人的大脑重量占成年时大脑重量的百分比大约是：

（a）85%　　（b）90%

（c）95%　　（d）100%

8. 婴儿在出生的当天，就能对人类声音的音调做出积极和明确的响应。

**对/错**

9. 爱丁堡大学的汤姆·鲍尔对婴儿感知能力的研究表明，一个孩子在出生时：

（a）只能看见模糊的图像

（b）立即注意到他的母亲

（c）能很清楚地听见声音

（d）立即体验到一个三维的世界

10. 爱丁堡大学的其他研究也显示：光线和声音也对婴儿有影响，一个新生儿会把头转向有声音的方向，特别是______。

11. 罗伯特·弗兰茨和马克·约翰逊发现，新生儿对哪种图像有明显的偏爱：

（a）母亲　　（b）彩色的圆圈

（c）人的面孔　　（d）动物

**12.** 那些被当成小动物去咯咯逗笑的婴儿有更多的机会学习语言。

**对/错**

**13.** 马克·罗森韦格用幼鼠做的实验表明，在复杂的环境里成长的幼鼠：

（a）大脑较小

（b）个子长得较大

（c）大脑没有变化

（d）脑细胞之间有更多的连接

**14.** 婴儿大脑中细胞之间的连接形成于：

（a）“大脑暴发”期间

（b）出生之前

（c）我们基因里的储存期间

（d）生命的前两年

**15.** 养育子女的主要问题是：

（a）培养一个天才

（b）提供良好的学校教育

（c）孩子的幸福和满足

（d）不干扰孩子的自然发展

对照本书附录检查答案，然后将得分除以15，再乘以100，换算成理解得分的百分比。

理解得分：______/15

即______%

现在，将得分填入书后的进步图和进步表中。

## 下章提示

在了解了眼睛的惊人能力和精密性以及如何最有效地利用眼睛/大脑系统后，你已经可以着手解决阅读中存在的主要“问题点”：注意力不集中、理解力差及各种被误解为“学习障碍”的综合征。

我不是一个快速阅读者，我是一个快速理解者。

**艾萨克 · 阿西莫夫**

科学家、科幻小说作家

第三部分

# 克服阅读障碍

本部分将探讨影响注意力和理解力的障碍，尤其是默读、手指引导阅读、复读和回跳，以及如何克服这些障碍。一旦问题得到正视、分析和了解，它便成为解决办法的正能量来源。我相信所有的阅读障碍以及学习障碍都可以得到解决，情况也可以得到改善。大多数情况下，问题可以得到彻底解决。

## 第 10 章

# 解决常见阅读问题

本章将讨论那些经常被提到的阅读问题——默读、手指引导阅读、复读和回跳，这些问题都是高效阅读的主要障碍。根据对眼睛与大脑关系及功能的最新研究，我们提出了新的方法来纠正人们对这些问题的成见。

此外，本章也会解决两个最常见的“学习障碍”——诵读困难和记忆力缺陷多动症。

## 10.1 默读

一个常见的阅读问题就是默读，即倾向于“开口读出”正在阅读的词语。这种情况的产生主要是因为孩子接受的阅读教育：通常是语音法或看图说话法（如导言中所讨论的那样）。

几乎所有关于快速阅读的书籍和教程都认为这种习惯是提高阅读速度的最大障碍，应该加以克服。然而事实是，默读对我们是有好处的。事实上，默读单词不能也不应该完全被取消。明白了这一点，这个“问题”就可以用适当的方法解决,从而形成令人更满意的阅读习惯。我们不必教导这些人“改掉默读习惯”，因为花费数周时间去完成那些不太可能的事情，会让人感到沮丧并容易失去他们所有的阅读乐趣。

解决这一问题的合适方法就是接受这种观点，即默读是正常的，同时它也可以被推回到一种“半意识”的状态。换句话说，你虽然不能完全改掉这一习惯，但你将逐渐不再依赖它。也就是说，当你偶尔意识到你正在默读时，不要焦急，因为这是一种普遍的习惯。

这一习惯积极的一面是，你可以将它作为记忆你阅读内容的一个辅助工具。假如你已开始养成不依赖默读的习惯，那么在你阅读重要的单词或概念时，你就可以有意识地增大默读的“音量”（在内心把它们“喊出来”），这样可以使阅读信息中的某些字节从其余部分中凸显出来。

另外，按照定义来说，默读不是一种缓慢而单调乏味的过程。大脑完全有可能以每分钟 2000 字的速度默读。确实，现在有很多人能以每分钟 1000 字以上的速度说话。如果你真的要担心，那就担心你何时才能达到这一速度吧。

## 10.2 手指引导阅读

一直以来，用手指着书阅读被认为是有问题的，因为人们错以为它会降低阅读速度，而实际上（如第 4 章所讲）它是保持注意力的绝佳办法。唯一的缺陷是手指和手掌的物理尺寸会妨碍眼睛的视线。因此，解决“问题”的办法就是使用一个细长的引导物，将这种不好的习惯变成提高阅读速度的理想方法。

## 10.3 复读和回跳

这两个问题既相似又不同。复读是有意识地回到那些你认为遗漏和误解的字词、词组或段落上去。许多读者为了理解所读的材料，总是有意识地返回去重读。而回跳则是一种视觉痉挛，它是一种下意识地退回到刚阅读过的字词或词组上去的习惯，而实施者本人几乎从来就没有意识到他正在回跳阅读。

正如第 4 章所总结的那样，复读和回跳增加了对每行字的凝视次数，使阅读的过程变慢。这两种习惯一般来说都没有必要。对有意识重读材料方面所做的研究表明：那些相信为了理解而需要重新回到某些字词和章节的读者，当被禁止那样做的时候，他们的理解得分变化并不大。这在很大程度上不是理解方面的问题，而是对自己大脑能力的信心问题。

减少和改掉这两个习惯的方法是双重的：

**1.** 你必须强迫自己不去重读那些你认为已经遗漏的部分。

**2.** 你必须逐渐提高阅读速度并努力使眼睛以均匀的节奏运动。

**3.** 速度和节奏能帮助你克服复读和回跳的习惯，同时还能增强阅读理解能力。

以上提到的这些问题，现在许多人已不再认为是阅读的主要障碍，而只是一些可以纠正的习惯，并且在许多情况下它们还是优点。

## 10.4　克服诵读困难

诵读困难通常是指对字母表中的字母理解困难，进而导致阅读单词困难。存在诵读困难的人经常将字母颠倒，并且书写潦草。在某些学校和学区中，有 20% 以上的孩子被认为有这样的“学习障碍”。

以我自己的经验来看，我所遇见的有诵读困难的人，其中 80% 以上都不是真正的诵读困难症患者，他们只不过是在某些早期阅读的阶段有过一些挫折，一直没有爬起来而已。为了意识到学习阅读的早期是多么容易遇到挫折，请想象自己是一个火星人，在毫无准备的情况下降落在地球上。有人快速地向你解释，这些星际生物使用一系列形状不定的字母，并用它们构成语言。更困难的是，许多字母还出奇地相似。

为了理解这个任务的难度，请尝试以下练习：迅速指出图 10-1 中各不相同的形状，尽可能快地从一个字母移向另一个字母，并准确地念出它们。大多数人发现：他们总有某个时候会结结巴巴或认错某个字母。

假设你现在还是那个火星人，在被告知各种各样、歪斜扭曲的字母之后，你被要求写出单词“God”（上帝）。你寻找记忆库，并模糊地记得三个字母中有圆圈，于是写下三个圆圈“ooo”。随后你还模糊地记得在圆圈的某个地方有一根向上的棍和向下的棍。这样，你就在第一个圆圈的右边放上了一根向上的棍，在最后一个圆圈的右边放上了一根向下的棍。你满怀信心地交上纸条，认为即使不是全对也已经差不多了。然而结果是你被众人嘲笑，并被宣称患有诵读困难症；更加残忍的是，你甚至会被认为受到了一定程度的大脑损伤。这显然会使你陷入特别紧张的思维定式中，从而增加你在下次尝试时犯错误的可能性。

**图 10-1** 难以掌握的字母形状，会把初学阅读者误诊为诵读困难症患者

这个情节精确地描述了发生在大多数被认为患有诵读困难症的人身上的事情。之所以这样，都是因为在开始时没有给予他们记忆所必需的、被称为联想和想象的工具。这些工具将帮助他们很容易地回忆起字母的名称。他们的第一个错误正契合了诵读困难症的定义，因而他们被打上了错误的标签，陷入一个恶性循环，随着学习生涯的继续而变得越来越糟。

那些被认定患有诵读困难症的人出于更好的理解，通常会尽量读得慢而仔细，这在不知不觉中将问题变得更糟。如果你也曾经被认为患有诵读困难症，那么下面两个简短的故事将给你希望。

一个 16 岁的女孩，在布鲁塞尔斯堪的纳维亚人的学校参加了博赞中心关于思维导图和学习的培训课程。她在第一天做得格外好。在第二天早晨，她走到老师面前请求不上早晨的课，因为早晨的课是快速阅读课，而她患有“诵读困难症”，以及有像她所说的“我完全不能正确地阅读”的紧张感。那个老师鼓励她试试，她试了。结果怎么样？开始时她只有每分钟 100 字的阅读速度，并且理解能力很差；到那天结束时，她已达到每分钟 600 字的阅读速度及 70% 的理解程度。

第二个故事与一位文字编辑有关，她将学校生活描述为“纯粹的地狱”。在学校学习阅读失败后，她被完全打垮了，因为她热爱阅读和文学。凭着一种执着的信念，她坚持花额外的时间以比其他人慢四倍的速度完成阅读任务。

她一直梦想成为一名文字编辑。最终，她也从事了这份工作。但是，六个月后，她沉沦了，因为为了达到工作所要求的阅读材料的速度，她不仅在工作时间忙个不停，还搭上了大部分晚上的时间。

就像那个斯堪的纳维亚女孩一样，她的阅读速度只有每分钟 100 字，而且理解能力很差。在整个阅读课程期间，她把自己的“难言之隐”当作秘密。在结业考试时，她的阅读速度已达到每分钟 700 字，并且理解能力也很好。当她算出最后的阅读速度时，她立即站起来讲述了她的故事。大家原以为她只会有些激动，结果她居然全身颤抖。

她解释说，在过去的整个生活中，她一直因为不能胜任自己的工作和无能而感到困窘。而现在，这些突然都消失了，因而是一件值得庆祝的大事。与此同时，她也感到一阵不可遏制的愤怒，为她已经浪费的年华和有生以来所遭受的羞辱。她突然认识到，是滥用的诵读困难症结论把自己关进了精神监狱，而这一切原本都是不应该发生的。

这个故事的美好结局是：她返回了工作岗位，并总是能提前完成她的日常工作。

正如我所说过的那样，大多数被认定有诵读困难的人，其实并不是真正的诵读困难症患者。即使他们真的患有诵读困难症，解决阅读问题的基本方案也是一样的：使用引导物，逐步加快阅读速度，并通过使用思维导图这一笔记及思维的工具，逃出句子的语义牢笼。写这本书时，我和我的教师们都发现，任何一个诵读困难症患者——不管他是假的还是真的——都能大幅提高他的阅读速度和理解能力。

## 10.5 注意力不集中和多动症

注意力不集中和多动症问题存有许多争议。一个令人吃惊的统计数字证实：仅在美国，就有三百多万儿童被确诊患有严重的注意力缺陷，以致要靠抗抑郁药物盐酸哌甲酯（利他林）来治疗。

争论的问题集中在以下几个方面：这一综合病症到底是医学上定义的疾病，还是无知的医生们所做的一种危险而常用的诊断？老师们是否在继续给孩子们贴上注意力缺乏和多动症的标签，以掩盖他们自己在保持孩子们兴趣方面的无能？利他林到底是一种神奇的药物，还是一种使人模式化，使活泼、有创造性的儿童变得像一个墨守成规者一样麻木的药物？为了帮你得出自己的结论，下列信息可能有用。

美国精神病学学会和其他学会将 ADHD（注意力不集中和多动症）定义为一种可分类疾病，以下标准若满足八项或以上，则诊断为罹患此病：

- 在被要求坐下后，坐不住。
- 容易因外部的刺激而分散注意力。
- 难以把注意力集中在某一项任务或某种活动上。
- 在一件事还没有做完时，就常常去做另一件事（有趣的是，人类历史上最伟大的天才之一达·芬奇，也常常被指称有这种毛病）。

- 烦躁或者坐卧不宁（或感到心绪不安）。
- 在集体活动中，不能（或不愿意）遵守秩序。
- 问题还没有说完，便开始作答。
- 不能胜任琐碎的事或者不能把一项工作坚持做完。
- 在活动中喜欢发出噪声。
- 不恰当地打断别人。
- 说话过于冲动或过多。
- 老师对他说话时，他会显得心不在焉。
- 冲动地参与对身体很危险的活动。
- 经常弄丢那些完成学校作业需要的东西（铅笔、工具、纸等）。

这些行为肯定在 7 岁之前就已出现，并且比同龄孩子的平均水平要多得多。这就意味着，根据定义，至少有一半的人都比其同龄人更经常地显露出上述行为，这是不是表示他们就患上了这种病呢？

有两个值得牢记在心的经典案例。

当玛丽 – 卢·雷顿（Mary–Lou Retton）还在幼儿园时，她就是一个特别好动的孩子。幼儿园的老师甚至建议她的父母送她去接受药物治疗，以减少她的好动性。幸运的是，她的父母持不同的看法，并请求学校寻找更恰当的方式去利用她过人的精力。13 年以后，以无穷的热情闻名于世的玛丽 – 卢·雷顿，在洛杉矶奥林匹克运动会上轻松地赢得了女子体操金牌。

在玛丽 – 卢·雷顿在学校遇到困难的前几年，一个名叫达利·汤普森（Daley Thompson）的英国小男孩也遇到了同样的问题。他的父母同样也被鼓励让孩子接受镇静药物的治疗，但他们也坚持认为应该给孩子更多的锻炼和一些能吸引他的狂热的活动。达利证明了他几乎用之不竭的精力，让每一位教他的体育老师都筋疲力尽。达利·汤普森最终取得了巨大成功，成为世界锦标赛和奥林匹克十项全能冠军，并不断打破纪录，保持运动巅峰达10年之久。

汤姆·哈特曼（Thom Hartmann）在他的优秀著作《注意力缺乏：不同的理解》（*Attention Deficit Disorder: A Different Perception*）中坚定地阐述了这一观点：许多注意力缺乏和多动症的标签常常是完全错误的。哈特曼断言，学校是为“农民”而建的，这些人坐在课桌后面，认真地听讲，并一直很听话。这对“猎人”来说，是一种终极折磨。因为“猎人”是积极的，总是在寻找适合他们的环境，具有创造力、冲动，并且像达·芬奇一样，总在寻找下一件令人激动的事情。

**下章提示**

无论你是否认为自己患有注意力缺乏和多动症，一些常用方法都可以帮助你更加轻松地集中注意力和增强理解力。这也是我们下一章的重点。

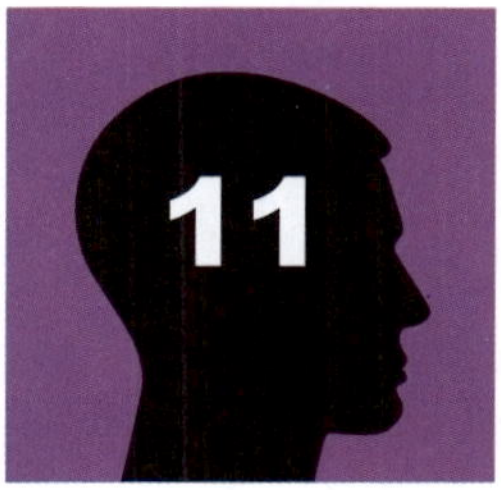


## 第 11 章

# 提高注意力和理解力

在处理了基本的阅读问题之后，我们现在准备讨论造成注意力和理解力缺乏的原因，并指出克服它们的办法。一旦你能够保持注意力，眼睛 / 大脑系统就会像激光一样去聚焦和吸收。

## 11.1　阅读目标的重要性

托马斯·杰斐逊总统是美国历史上最伟大的天才之一，也是把注意力集中在阅读方面的一个令人感兴趣的范例。人们普遍认为他是美国有史以来最聪明的全才。

罗伯特·佐恩（Robert Zorn）教授报告说，杰斐逊信奉制订明确的阅读行动方案，为每一阅读主题设定阅读目标，除非完成了阅读任务，否则绝不允许自己偏离既定的阅读日程表。不分心，不因“精神涣散”而浪费时间，是杰斐逊方法学及其无与伦比的专注能力的关键。杰斐逊对读者提出了一个听起来非常现代的忠告：你应该知道“你在何处？你正在干什么？是什么时间？是否已经比计划表上的安排晚了？如果是的话，晚了多少？”本章将鼓励你努力达到杰斐逊非凡的专注能力和理解水平。

## 11.2　注意力不集中的原因

阅读时注意力不集中有许多原因，包括：

- 词汇困难。
- 阅读材料难以理解。
- 不合适的阅读速度。
- 不正确的情绪状态。
- 缺乏准备。
- 缺乏兴趣。
- 缺乏动力。

### 11.2.1 词汇困难

当你通过第四部分的学习和练习增加了词汇量之后，你就已经找到了解决这一问题的途径。此外，如果你正在阅读的材料中仍有一些你不认识或比较含糊的字词，那么你的注意力将逐渐分散，因为你正准备吸收的信息被理解的缺口打断了。有效阅读需要信息的顺利流入，而不应受到害怕误解字词的心理妨碍。本书中所设计的词汇分析和练习就是专门用来克服这一困难的。

如果你确实碰到了一个不认识的字词，就在它下面画一道线，然后继续阅读。通常，这个字词的意义会在上下文中变得明显起来。到一章或一天的阅读任务结束时，再“翻词典”，一次查清所有的字词。

### 11.2.2 阅读材料难以理解

这是一个更难克服并且常见于学术著作中的问题。最好的方法就是利用阅读引导术以及略读、跳读、段落结构知识和预读（见第 7 章和第 14 章）对材料进行“反复阅读”。

### 11.2.3 不合适的阅读速度

这常常是学校教育的恶果。当给孩子们一篇重要或困难的材料时，老师通常会告诉他们：慢慢地读，仔细地读。这种方法会进入一个恶性循环，因为读得越慢，理解得就越少，这样就使材料看起来更加不易理解。最终会到达挫折点，并使孩子们失望地放弃所阅读的材料。

如果注意力和理解力很差的话，这更是阅读速度的问题。这时，就需要改变阅读困难材料的速度，要读得更快一些而不是更慢，你将能看到明显的改进。通过学习快速和变速阅读，你将能控制和选择与材料、需要、时间、精力和内外部环境相适应的合适速度。

### 11.2.4 不正确的情绪状态

这仅仅意味着你并没有用最佳的方式将心思真正地放在你将要阅读的材料上。例如，你可能仍然在想之前办公室的争吵或者晚上的社交应酬。

你必须尝试清除脑子里的杂念，让自己主动思考正在阅读的内容。有时你可能走得太远，不得不停一会儿，以便有意识地把思想集中起来。要做到这一点，最好的方法就是对你正在研究的主题，快速做两分钟的“思维导图”，以便集中思想，并使你具有强烈地往下阅读的欲望。

### 11.2.5 缺乏准备

这个问题比许多人意识到的更常见。实际上，认真阅读一本书就是一场比拼意志力的战斗。为了能使你在桌子前坐下来，你必须首先进行大脑预热，以便获得足够的动力。在开始阅读后，许多人突然发现自己缺少铅笔、草稿纸、眼镜及其他各种东西，便起身去拿这些东西，这样一来注意力也就中断了。这一问题很容易解决：在坐下来阅读之前，确保你所需要的各种东西都已准备妥当。

### 11.2.6 缺乏兴趣

这是学生和那些参加专门课程的人最常见的问题，因此在阅读课程中，我对这一问题给予了特殊的关注。解决这一问题的第一步就是预习这一章所讨论的要点，因为缺乏兴趣通常与其他的困难有关。例如，在下述情况下就很难保持兴趣：陌生的词语经常打断理解，材料难于理解，其他的想法不时地冒出来，身边没有必要的辅助工具等。

假如这些问题都被解决之后，兴趣仍然不够高，那么你就需要分析你的阅读方法。首先，要保证所用的阅读技巧是合适的。如果还是不行，你可以试试“严厉批评”法。不要按常规方法进行阅读，而要对材料表示愤怒，因为它给你制造了很多问题，你要试着对它进行透彻的分析并集中于它的不足之处。你会发现自己其实已经对材料产生兴趣了，就像你有兴趣聆听你不太喜欢的人发表观点并想极力反驳一样。

### 11.2.7 缺乏动力

这是一个不同的问题，它常常是因为没有清晰明确的阅读目的。当你分析了你阅读一本书或一篇文章的原因之后，动机可能就会自动增强。相反，你也可能认为根本不需要去阅读它。如果理由充足的话，也许确实没有必要去阅读那本书，但要保证那些理由确实是可靠的。

## 11.3 驾驭你的注意力

在世界各地讲授快速阅读技巧的几十年中，我发现，在阅读写作能力方面，有99.9%的人承认有注意力的问题。这一问题常在白日梦中出现，至少每30~40分钟一次。此外，我们所接受的错误训练使我们以一种不正确的眼光去看待那些实际上很好的事物。学习30~40分钟之后，大脑会做白日梦，这是必然的事——它需要在适当的时间休息。所以，在大多数情况下，不是失去注意力的问题，而是在你“应该休息时就休息”的问题。

尽管如此，让我们来看看你在阅读时“失去注意力”究竟是怎么一回事：事实上，你打开书集中注意力看几页，然后注意到身旁走过的人，再集中注意力看几段或几页，然后又注意到窗外枝头的小鸟，接着再专注看书，然后又注意到指甲盖，接着开始做白日梦，最后又再次将注意力投到书本上。

整段时间你都在**注意**！由于你在 100% 的时间里都在注意，所以总体的问题不是注意力，而是你注意力的焦点和方向。因此，可以将注意力看成一匹狂野的烈马，而你就是骑士。在大多数情况下，烈马以自己的方式朝着它喜欢的方向全速疾驰。作为一个专业的骑士（读者），你的任务就是驾驭你的注意力之马，让它沿着适合你手头阅读任务的方向驰骋。

因此，为提高注意力，要让你的眼睛和大脑得到必要的休息。记住：每 30~60 分钟休息一次。继续阅读时，检查一下阅读速度是否与所读材料相适应。另外，要确保自己没有偏离阅读前所设立的适当目标。

既然你的视觉技能正得到快速提高，注意力之马也尽在掌握，那么你已经可以进入第四部分——成为速读技巧大师。在这一部分，你将学会预读的艺术和技巧，让你在钻研细节前对整篇文章的结构有一个全面的把握。你还会了解到一些释放词语能力的关键方法——这是整体阅读成功的主要因素之一。除此之外，你会发现速读不仅可以运用到信息或学术文本中，也可以同样有效地运用到文学和诗歌文本中。最后，你还将学会如何快速阅读纸质和电子资源，避免信息超载。

你一直在学习以及接下来将要学习的是一整套阅读技巧，你可以选出其中一个或几个来革新你的阅读过程，进而改变你的生活！

东尼·博赞

第四部分

# 成为速读技巧大师

自 1966 年以来，我已经在几十个国家教授过快速和变速阅读的基本原理，所教学生小到 3 岁小孩，大到跨国公司总裁。在每个国家，无论学员的年龄和地位如何不同，几乎都有人提出类似问题：

- “我知道你是如何把这种技巧应用于其他学科的，但你没法把它用于科学领域，不是吗？”
- “你没法把快速或变速阅读用于欣赏文学和诗歌作品，不是吗？”
- “你肯定不会去预览一个侦探故事！”
- “对那些确实很难的材料，你就必须慢慢去阅读，不是吗？”
- “如果仅是为放松或娱乐而阅读的话，是否就完全没有必要使用快速阅读？”

有趣的是，答案是你可以将不断增加的知识应用到以上所有情况中。从现在起，你将学会用不同的方法阅读每本书的每一页，你将在阅读方面如鱼得水。第四部分将向你介绍更详细的高级应用信息。本部分还将告诉你如何培养高级快速阅读技巧，如何用记忆术记住前缀、后缀和词根，从而掌握并大幅提高词汇量。

第 12 章

# 预读的艺术

“预读”顾名思义就是提前看。提前让大脑看一遍全文，可以使第二次通读更加有效。预读的目的在于构造一个框架，使大脑更容易把细节内容填充进去，从而立即改善整体理解水平。

## 12.1 侦察单词

预读者可以被比喻成大脑侦察员，他走在部队前方，需要侦察地形、敌军位置以及战略地形。对一支部队来说，如果有一些主要参照点的话，就更容易在一个未知地区部署行动。同样，如果有一些主要路标的话，进攻或理解信息就会更容易。

不管你将要阅读何种材料——信件、报告、参考书、小说或文章，你都应事先预读。在任何情况下，预读都会加快你的整体阅读速度，改善理解能力，因为你再也不会被一个又一个的障碍绊倒，而是会将一个个碎片拼成一整幅画。

你的预读方法应该将略读要素和段落结构知识结合起来。换句话说，你将敏锐而迅速地掠过你将要阅读的材料，选出那些最有可能包含主要信息的部分。当你预读时，要永远使用你喜爱的引导方式。在此所述的预读的概念应该被应用在你平时的阅读中。

## 12.2 预读策略

掌握下列“积极阅读”技巧，将保证你的思维定位更恰当，你功能强大的眼睛/大脑系统能在预读时搜寻最佳的信息，并使整个过程变得更有趣。

### 12.2.1 利用现有知识

应用已有的知识时，你常会发现：你的知识比自己想象的要多！许多人错误地认为：作者是专家。事实上，读者常常和作者知道得一样多，甚至比作者更多。在阅读一本新书之前，应该迅速画出你对这一主题知识的思维导图，然后应用这一知识对书中的概念生成新的联想，并提出一些合适的问题。

### 12.2.2 与作者积极互动

当你阅读一本书时，你应该是在和此书的作者对话，而不是单向聆听。最重要的是，你可以通过书页边缘或另外一张纸上记下你的问题或评论，与你所阅读的内容互动。

### 12.2.3 像侦探般阅读

不断地尝试着预测文中接下来会发生什么事、作者有什么“行动计划”。坚持超前一步解决你将要吸收信息中的难题。

预读你下两周要阅读的每篇文章，检查你每次预读获得了多少知识，以及当你第二次阅读时，理解能力提高了多少。练习已经学会的预读方法，同时应用高级引导术，在 10 分钟之内读完一整本书。

**下章提示**

词汇量小是提高快速阅读效率的一大障碍。下一章将教你如何把词汇量扩展到你无法想象的程度。

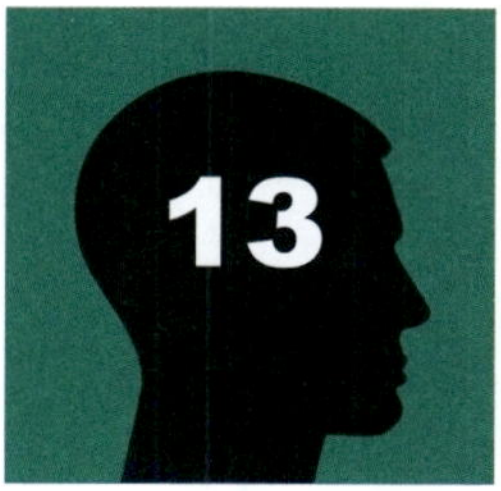


# 第 13 章 成为词汇大师

在介绍了眼睛 / 大脑系统的工作机制、眼球运动背后的理论以及阅读中存在的主要问题后，我们将要讨论词汇。一般人的口语词汇约为 1000 个单词，而可用的词汇则超过 100 万个。在我们的三种词汇（口语、书面和认知）中，认知词汇量最大。增加你的词汇量可以提高你的智力。本章将介绍三种词汇，并给出重要前缀、后缀、词根的列表，它们会让你知道成千上万个单词的意思。

## 13.1 词汇的重要性

词汇量水平能够衡量一个人所吸收和阅读材料的数量。因此，大、中、小学都常用普通词汇测试作为一个主要方法来进行入学选拔，而且学生学习的成功与失败往往取决于他们正确地理解及使用词汇的能力。

当然，词汇的重要性不仅仅体现在学术界。在商界，词汇量大的商人具有明显的优势；在社交场合，既能理解别人的观点又能给出创造性评论的人，也将占据上风。

## 13.2 三种词汇

大多数人使用一种以上的词汇——通常至少使用三种。第一种是我们用于谈话的词汇。在许多情况下，这类词汇不超过 1000 个单词（据估计，英语单词远远超过 100 万个）。

第二种词汇是我们用于书写的词汇。这类词汇常常比口语词汇多，因为作者压力较小，有更多时间酝酿句子的结构和内容。

第三种也是量最大的一种词汇——我们认识的词汇，即我们在谈话中听到或在阅读时所理解及懂得的词汇，但我们在写作或谈话时都不会使用这些词汇。当然，在理想的情况下，我们的口头及书面词汇都应该和我们所认识的词汇一样多。但实际上，这是一种很少见的情况。然而，我们也有办法使这三种词汇的掌握量快速增加。

## 13.3 前缀的作用

本节的目的是向你介绍八十多个前缀（放在单词前的字母、音节或单词）。许多前缀与位置、反义及运动有关。由于英语中有大量的希腊语和拉丁语，因此许多前缀就来自这两种语言。

为了让你了解到这些基本的词汇单位令人不可思议的力量，明尼苏达大学的明宁格（Minninger）博士估计，仅14个这样的前缀就能使人们更好地理解14 000个单词的意思！她进一步证实：到25岁时，一般人的词汇掌握量几乎到头了，即95%的词汇已经掌握了，而生命中可能余下的75年只能增加5%的词汇量。一本小型词典中有14 000个单词、一本大型词典中有约10万个单词包含以下列出的14个前缀与词根（见表13–1）。

这些“微型功能单词”是为你从那些较大的单词表中抽取出来的。在阅读本章其他内容及学习其他单词时，注意找出它们。

表13–1 含有关键前缀的14个单词

| 单 词 | 前 缀 | 前缀含义 | 词 根 | 词根含义 |
|---|---|---|---|---|
| precept | pre- | 在……前面 | capere | 掌握，理解 |
| detain | de- | 离开，向下的 | tenere | 握住，拥有 |
| intermittent | inter- | 在……之间，在……中 | mittere | 发送 |
| offer | ob- | 反对 | ferre | 具有，搬运 |
| insist | in- | 在……内 | stare | 站立 |
| monograph | mono- | 孤独的，一个 | graphein | 书写 |
| epilogue | epi- | 在……之上 | logos | 演讲，研究 |
| advance | ad- | 向，朝着 | specere | 看见 |
| uncomplicated | un- | 否定，不 | picare | 折叠 |
|  | com- | 共同地，与 |  |  |

续表

| 单 词 | 前 缀 | 前缀含义 | 词 根 | 词根含义 |
|---|---|---|---|---|
| non-extended | non- | 不 | tendere | 伸展 |
| | ex- | 在外地（在外面），超过 | | |
| reproduction | re- | 后面的，再 | ducere | 带领 |
| | pro- | 向前的，对于 | | |
| indisposed | in- | 不，否定 | ponere | 放置 |
| | dis- | 分开地，不 | | |
| over-sufficient | over- | 在……之上 | facere | 制作，做 |
| | sub- | 在……之下 | | |
| mistranscribe | mis- | 错误 | scribe | 书写 |
| | trans- | 横过，超过 | | |

仔细研究表 13–2，它将让你理解数千个不熟悉的单词。要了解如何完美地记住这个表格及其他各表，你可以参考《超级记忆》一书。

表13–2　85个前缀

| 前 缀 | 含 义 | 例 词 |
|---|---|---|
| a-, an-（G）① | 没有 | anaerobic |
| ab-, abs-（L） | 分开，远离 | absent |
| ad-, ac-, af-（L） | 向…… | advent, advance |
| aero- | 空气 | aeroplane, aeronaut |
| amb-, ambi-（G） | 都，周围 | ambiguous |
| amphi-（G） | 都，环绕 | amphitheatre |
| ante-（L） | 之前 | antenatal |
| anti-（G） | 对抗，反对 | antidote, antitoxic |
| apo-（G） | 远离 | apostasy |
| arch-（G） | 主要的，最重要的 | archbishop, arch-criminal |
| auto-（G） | 自动的 | automatic, autocrat |
| be- | 附近，使…… | belittle, beguile, beset |

续表

| 前　缀 | 含　义 | 例　词 |
| --- | --- | --- |
| bene-（L） | 好 | benediction |
| bi-（G） | 两个 | biennial, bicycle |
| by-, bye-（G） | 加上 | byways, bye-laws |
| cata-（G） | 向下 | catalogue, cataract |
| centi-, cente-（L） | 成百的 | centigrade, centenary |
| circum-（L） | 周围 | circumference, circumambient |
| co-, col-, com-, cor-, con-（L） | 一起，和 | companion, collect, cooperate |
| contra-（L） | 反对，对抗 | contradict, contraceptive |
| de-（F） | 向下 | denude, decentralise |
| deca-, deci-（G） | 十 | decade, decagon |
| demi-（L） | 一半 | demigod |
| dia-（G） | 通过，在……间 | diameter |
| dis-（L） | 不，与……相反 | dislike, disagree |
| duo-（G） | 两个 | duologue, duplex |
| dys-（G） | 坏的，困难的 | dysentery |
| e-, ex- | 在……之外 | exhale, excavate |
| ec-（L） | 在……之外 | eccentric |
| en-, in-, em-, im-（L,G,F） | 到……里，不 | enrage, inability, emulate, impress |
| epi-（G） | 在……上，在……方面，另外 | epidemic, epidermis |
| equi- | 平等地 | equidistant |
| extra-（L） | 外面，超出 | extramarital |
| for, fore-（E） | 之前 | foresee |
| hemi-（G） | 一半 | hemisphere |
| hepta-（G） | 七 | heptagon |
| hexa-（G） | 六 | hexagon, hexateuch |
| homo-（L） | 一样 | homonym |

续表

| 前缀 | 含义 | 例词 |
| --- | --- | --- |
| hyper-（G） | 在……上，超过 | hypercritical, hypertrophy |
| il- | 不 | illegal, illogical |
| in- im-,（un-）（L,G,F） | 不 | imperfect, inaccessible |
| inter-（L） | 在……中，在……之间 | interrupt, intermarriage |
| intra-, intro-（L） | 在……里 | intramural, introvert |
| iso-（G） | 相等的，一样的 | isobaric, isosceles |
| mal-（L） | 坏的 | malfunction, malformed |
| meta-（G） | 之后，超出 | metabolism, metaphysical |
| mis- | 错误地 | misfit, mislead |
| mono-（G） | 单一的 | monotonous, monocular |
| multi-（L） | 许多的 | multipurpose, multimillion |
| non- | 不 | nonsense, nonpareil |
| ob-, oc-, of-, op-（L） | 关于……方面，反抗 | obstruct, obstacle, oppose |
| octa-, octo-（G） | 八 | octahedron, octave |
| off- | 分开，远离 | offset |
| out- | 超出 | outnumber, outstanding |
| over- | 在……之上 | overhear, overcharge |
| para-（G） | 在……旁边，超出 | parable, paradox |
| penta-（G） | 五 | pentagon, pentateuch |
| per-（L） | 通过 | perennial, peradventure |
| peri-（G） | 周围，附近 | perimeter, pericardium |
| poly-（G） | 许多的 | polygamy, polytechnic |
| post-（L） | 之后 | postcript, postnatal |
| prime-, primo-（L） | 第一，重要的 | primary, prime minister |
| pro-（L） | 在……前面，喜欢的 | prologue, pro-British |
| quadri-（L） | 四 | quadrennial, quadrangle |
| re-（L） | 再 | reappear, recivilise |

续表

| 前　缀 | 含　义 | 例　词 |
| --- | --- | --- |
| retro-（L） | 向后 | retrograde, retrospect |
| se- | 在旁边 | secede |
| self- | 个人化的 | self-control, self-taught |
| semi-（G） | 一半 | semicircle, semi-detached |
| sub-（L） | 在……之下 | submarine, subterranean |
| super-（L） | 在……之上 | superfluous, superior |
| syl- | 和……一起 | syllogism |
| syn-, sym-（G） | 一起 | sympathy, synchronise |
| tele-（G） | 远的，有一定距离的 | telegram, telepathy |
| ter-（L） | 三倍 | tercentenary |
| tetra-（G） | 四 | tetrahedron, tetralogy |
| trans-（L） | 横过，通过 | transatlantic, translate |
| tri-（L, G） | 三 | triangle, tripartite |
| ultra-（L） | 超过 | ultramarine, ultra-violet |
| un-（im-）（L,G,F） | 不 | unbroken, unbutton, unable |
| under- | 在……下面 | underfed, underling |
| uni-（L） | 一 | unicellular, uniform |
| vice-（L） | 代替 | viceroy, vice-president |
| yester-（E） | 先前，……时间以前 | yesterday, yesteryear |

① E代表英语，F代表法语，G代表希腊语，L代表拉丁语。

## 练　习

### 词汇大师

从严格意义上说，下列练习不是词汇测试。在许多情况下，定义稍微做了一些“延伸”，以便容纳带有合适前缀的关键词。

在每个练习的开始都有15个单词，你可从中为之后的15个问题选择正确的答案。

在做这些练习时，可将你选择的单词分解成几个组成部分，并试着根据其结构来构建单词的意思。为了做到这一点，请在手边备一本词典。

当你在下列各题空白处填上了你认为正确的单词之后，对照本书附录的答案进行检查。

### 词汇1（a）

(a) polyglot (b) amphibian (c) disenchantment
(d) centipede (e) biped (f) confluent
(g) illiterate (h) antipathetic (i) retroactive
(j) contravene (k) tertiary (l) arch-enemy
(m) paragon (n) triumvirate (o) impregnation

**1.** The most important and most dangerous of one's opponents is one's______.

**2.** A______is a two-footed animal.

**3.** A person or thing beyond comparison, a model of excellence, is known as a______.

**4.** Streams that flow together are said to be______.

**5.** A coalition of three men for the purposes or government or administration is called a______.

**6.** Many people in the world are not able to read. They are______.

**7.** ______is the introduction of one substance into another.

**8.** Because people estimated that this creature had 100 legs, they called it a______.

**9.** ______means third in rank, order or succession.

**10.** One opposite of fascination is______.

**11.** To go against restrictions laid down is to______the rules.

**12.** A creature that can live in both air and water is called an ______.

**13.** ______means operating in a backward direction.

**14.** A______is a person who speaks many languages.

**15.** If you have a strong feeling against something, you are said to be______.

## 词汇1（b）

| | | |
|---|---|---|
| (a) intravenous | (b) autobiographer | (c) abdicates |
| (d) Decalogue | (e) atheist | (f) undermine |
| (g) supercilious | (h) isotherm | (i) monomaniac |
| (j) octagon | (k) catacomb | (l) obfuscate |
| (m) periscope | (n) prominent | (o) heminaopsia |

**1.** Someone who does not believe in God is an______.

**2.** He was a______because he had a fixation on a single object.

**3.** The Ten Commandments are often called the______.

**4.** An outstanding object or person is said to be______.

**5.** A plane figure with eight sides and angles is known as an ______.

**6.** To______means to dig away the foundations, to bring down from below.

**7.** A______is a graveyard below ground.

**8.** A person who______gives up a claim, resigns, gets away from a situation.

**9.** An injection into the returning bloodstream is called an_____ injection.

**10.** When something gets in the way of light of meaning, it is said to_____.

**11.** To consider oneself to be above others is to possess a _____attitude.

**12.** The medical condition in which one loses one half of one's field of vision is known as_____.

**13.** A_____is an instrument that enables observers to look over an object.

**14.** A line on a map which connects those places having equal average temperature is called an_____.

**15.** An_____is a person who writes his own life story.

## 词汇1（c）

(a) metaphysical　(b) regurgitate　(c) forebear
(d) extravagate　(e) misconstrue　(f) primordial
(g) circumspect　(h) diaphragm　(i) subjugate
(j) predeterminable　(k) nonentity　(l) pentameter
(m) beneficence　(n) pervade　(o) malediction

**1.** A dividing membrane between two areas is called a_____.

**2.** _____applies to what is immaterial, incorporeal, super-sensory, beyond the physical.

**3.** A_____is a curse.

**4.** _____means to bring up or throw back from a deep place;

to vomit.

**5.** A_____is someone who is of no importance.

**6.** An ancestor may also be called a_____.

**7.** When something passes through, permeates, extends and is diffused, it is said to_____.

**8.** If you_____you are going beyond ordinary limits.

**9.** A verse containing five feet is called a_____.

**10.** _____is charity, kindness or generosity.

**11.** If you are prudent and wary, and look all around before doing anything, you are_____.

**12.** Something capable of being calculated beforehand is_____.

**13.** That which has existed from the beginning, we call_____.

**14.** To_____means to subdue by superior force; to bring under the yoke.

**15.** If we interpret something wrongly, we _____.

**练 习**

## 寻找前缀

了解了前缀这一新知识点后，可以浏览一本英文词典，试着发现不同的前缀。你会发现至少每隔数页就会跳出来一批前缀相同的单词。在接下来两节的最后重复这一练习，先加上后缀，然后加词根，尤其要注意那14个含有关键前缀的单词。

# 13.4 后缀——正中要害

接下来开始学习后缀——放在单词后面的字母、音节或单词。就像前缀一样，你会发现大多数后缀也来自拉丁语和希腊语。

## 13.4.1 后缀的作用

本节向你介绍51个后缀（见表13-3），其中许多与特征或性质有关，或者用于改变单词的词性（例如，形容词变成副词）。

表13-3 51个后缀

| 后缀 | 含义 | 例词 |
|---|---|---|
| -able, -ible（L）[①] | 能够，适合于 | durable, comprehensible |
| -acy（L,G） | 状态，性质 | accuracy |
| -age（L） | 行为，状态 | breakage |
| -al,-ial（L） | 与……有关 | abdominal |
| -an（-ane,-ian）（L） | 具有……的性质 | Grecian, African |
| -ance,-ence | 品性，行为 | insurance, corpulence |
| -ant（L） | 形成表示某种特性的形容词，或者表示私人机构或产生某种影响的事物的名词 | defiant, servant |
| -arium,-orium（L） | 场所、地点 | aquarium, auditorum |
| -ary（L） | 场所、地点，与……有关 | seminary, dictionary |
| -atable（L） | （见-able,-ible） | |
| -ate（L） | 使之成……，官员 | animate, magistrate |
| -ation,-ition（L） | 行动或状态 | condition, dilapidation |
| -cle, icle（L） | 极小的 | icicle |
| -dom（E） | 条件或控制 | kingdom |
| -en（E） | 小 | mitten |

续表

| 后缀 | 含义 | 例词 |
| --- | --- | --- |
| -en（E） | 品质 | golden, broken |
| -er（E） | 属于……的 | farmer, New Yorker |
| -ess（E） | 女性名词后缀 | hostess, waitress |
| -et,-ette（L） | 小 | puppet, marionette |
| -ferous（L） | 产出……的 | coniferous |
| -ful（E） | 充满 | colourful, beautiful |
| -fy,-ify（L） | 使之变成…… | satisfy, fortify |
| -hood（E） | 表示状态或条件 | boyhood, childhood |
| -ia（L） | 种类或地点的名称 | bacteria, Liberia |
| -ian（L） | 某种职业的人或某地居民 | musician, Parisian |
| -ic（G） | 与……有关 | historic |
| -id（e）（L） | 某种性质 | acid |
| -ine（G,L） | 某种成分 | chlorine |
| -ion（L） | 条件或行为 | persuasion |
| -ish（E） | 类似或关系 | childish, greenish |
| -ism（G） | 某种特性或主义 | realism, socialism |
| -ist（G） | 经常做某件事的人 | chemist, pessimist |
| -itis（L） | 发炎（医） | bronchitis |
| -ity,-ety,-ty（L） | 状态或性质 | loyalty |
| -ive | 性质 | creative, receptive |
| -ize,-ise（G） | 做，实践，照……样子做 | modernize, advertise |
| -lent（L） | 充满 | violent |
| -less（E） | 缺乏，没有 | fearless, faceless |
| -logy（G） | 表示知识的分支 | biology, psychology |
| -ly（E） | 具有某种特征 | softly, quickly |
| -ment（L） | 行为或条件 | resentment |
| -metry,-meter（G） | 测量 | gasometer, geometry |
| -mony | 结果的条件 | testimony |

续表

| 后　缀 | 含　义 | 例　词 |
| --- | --- | --- |
| -oid（G） | 类似 | ovoid |
| -or（L） | 表示处于某种状态的人或物 | error, governor, victor, generator |
| -osis | 过程或条件 | metamorphosis |
| -ous,-ose（L） | 充满…… | murderous, anxious, officious, morose |
| -some | 像 | gladsome |
| -tude（L） | 质量或程度 | altitude, gratitude |
| -ward | 方向 | backward, outward |
| -y（E） | 条件 | difficulty |

① E代表英语，F代表法语，G代表希腊语，L代表拉丁语。

## 练　习

### 词汇2（a）

（a）indefatigable　（b）vignette　（c）dermobilise

（d）epididymitis　（e）practitioner　（f）ignominy

（g）supremacy　（h）platitude　（i）untoward

（j）cursive　（k）chauvinist　（l）prioress

（m）hedonism　（n）embolden　（o）bondage

**1.** ______is the condition of being marked with disgrace.

**2.** A______is a woman who governs a nunnery.

**3.** Someone who has very strong nationalistic feelings and who makes a practice of this somewhat exaggerated patriotism is called a______.

**4.** That which is intractable, unruly, perverse; which goes in the wrong unpredictable direction is_____.

**5.** A_____is one who works in a certain field, such as medicine.

**6.** A_____is a comment or statement which is insipid and trite.

**7.** The unpleasant medical condition in which part of the testicle becomes irritated and inflamed is known as_____.

**8.** To_____is to imbue with the added qualities of courage, inspiration, fearlessness.

**9.** The doctrine of pursuing pleasure as the highest good is known as_____.

**10.** If you are capable of working 12 hours a day without a rest; if you can engage in physical exercise for hours without seeming to get tired, then you are_____.

**11.** Handwriting that is in the nature of a running hand; which forms the character rapidly without raising the pen is known as_____ handwriting.

**12.** A_____is a small ornamental design, drawing or picture.

**13.** The quality or state of uppermost, of having complete authority or power, is the state of_____.

**14.** To_____is to render something unable to operate or move; to disband.

**15.** _____is the state of being bound or tied to something, either physically or mentally.

## 词汇2（b）

| | | |
|---|---|---|
| (a) winsome | (b) minimal | (c) irritant |
| (d) enervation | (e) vociferous | (f) bellicose |
| (g) aviary | (h) corpuscle | (i) magnate |
| (j) hoydenish | (k) baleful | (l) placid |
| (m) osmosis | (n) planetarium | (o) martyrdom |

**1.** Someone who places himself in a condition of suffering for his beliefs, is placing himself in a position of_____.

**2.** A diminutive particle of matter is sometimes known as a______, although this term now usually applies to the small particles constituting blood.

**3.** A girl who is joyful, attractive and engaging is_____.

**4.** A charge for something that relates to the lowest or smallest price is_____.

**5.** _____is the process in which fluids tend to mix, even through porous membranes.

**6.** A_____is a place where one goes to see models or projections of the solar system and other parts of the universe.

**7.** People who speak loudly and often are_____.

**8.** _____is the state of being exhausted.

**9.** A rude girl or tomboy is said to be_____.

**10.** A_____person is full of antagonism and the desire to quarrel or fight.

**11.** A place where birds are kept is known as an_____.

**12.** A_____look is one full of mischief or malice.

**13.** A_____is a person who holds high rank or status.

**14.** To be gentle, quiet, peaceful and serene is to be______.

**15.** An______is that which provokes or produces discomfort or inflammation.

## 词汇2（c）

| | | |
|---|---|---|
| (a) mundane | (b) narcissistically | (c) intelligentsia |
| (d) insatiable | (e) intensify | (f) rhetorician |
| (g) deity | (h) psychology | (i) physiology |
| (j) pestilence | (k) hardihood | (l) annulment |
| (m) anthropoid | (n) metabolism | (o) indolent |

**1.** To be filled with the desire to do nothing, to be lazy, phlegmatic and idle is to be______.

**2.** A______is an eloquent speaker or writer.

**3.** The______is that class of educated people who tend to form much of public opinion.

**4.** ______relates or pertains to the constant chemical changes in living matter.

**5.** An______is any creature which resembles man.

**6.** The branch of knowledge which deals with the body's organs and their functions is______.

**7.** A word for a state of boldness, courage and robustness is ______.

**8.** That which is "of the nature of the world" is often said to be______.

**9.** A disease, the qualities of which are plague-like and virulent, is often called a______.

**10.** ______is the act of having a contract or marriage abolished.

**11.** To look at oneself______is to have the quality of the vain god who fell in love with his reflected image.

**12.** To______is to raise to a higher or more extreme degree.

**13.** When we attribute divine qualities to someone or something we make him or it a______.

**14.** Someone whose appetite cannot be satisfied is______.

**15.** The branch of knowledge which deals with the human mind and its functioning is______.

现在，对照本书附录检查你的答案。

**练　习**

### 后缀拓展

在完成这些词汇练习，达到你的满意程度之后，请浏览一本好的词典，研究这些后缀的多种使用方式。记下特别好的例子，或者你认为有趣、有用的例子。

现在你已学过了现代英语单词的开头和结尾，接下来可以转到词根部分了。在现代英语单词中，随处可见来自拉丁语和希腊语的词根。

## 13.5　词根——单词的主要部分

有关词汇的最后一节介绍拉丁语和希腊语词根——派生其他单词的

单词（见表 13-4），同时也提出继续扩展词汇量的五个步骤。

### 13.5.1 继续扩展大师级词汇量的五个步骤

**1.** 做上一节所描述的练习，即浏览一本好的词典，研究前缀、后缀及你已学过的词根的多种用法，并记录一些值得记录的范例或有用的单词。

**2.** 坚持以每天至少认识一个新单词的方式增加你的词汇量。新单词只有多次重复才能记牢。所以，一旦选择了某个单词或某些词汇，你就应保证经常和有效地使用这些单词。

**3.** 在对话中留心令你激动的新单词。如果你不好意思问说话者这些单词的意义，你就要迅速地在头脑中记下这些单词或写下来，之后再查词典。

**4.** 在阅读任何资料时，密切关注不熟悉的单词。不要在你阅读时把它们写下来，应先用铅笔做个记号，之后再查阅这些单词。

**5.** 如果你愿意的话，也可去一家当地书店或图书馆，找一些关于词汇练习的书。这些书有很多，而且大部分对你会有很大的帮助。

表13-4 49个词根

| 词 根 | 含 义 | 例 词 |
| --- | --- | --- |
| aer | 空气 | aerate, aeroplane |
| am（出自amare） | 爱 | amorous, amateur, amiable |
| ann（出自annus） | 年 | annual, anniversary |
| aud（出自audire） | 听 | auditorium, audit |
| bio | 生命 | biography |

续表

| 词 根 | 含 义 | 例 词 |
|---|---|---|
| cap（出自capire） | 取 | captive |
| cap（出自caput） | 头 | capital, per capita, decapitate |
| chron | 时间 | chronology, chronic |
| cor | 心脏 | cordial |
| corp | 身体 | corporation |
| de | 神 | deify, deity |
| dic, dict | 说，讲 | dictate |
| duc（出自ducere） | 领导 | aqueduct, duke, ductile |
| ego | 我 | egotism |
| equi | 平等 | equidistant |
| fac, fic（出自facere） | 制造，做 | manufacture, efficient |
| frat（出自frater） | 兄弟 | fraternity |
| geo | 地球 | geology |
| graph | 写 | calligraphy, graphology, telegraph |
| loc（出自locus） | 位置 | location, local |
| loqu, loc（出自loqui） | 说 | eloquence, circumlocution |
| luc（出自lux） | 光线 | elucidate |
| man（出自manus） | 手 | manuscript, manipulate |
| mit, miss（出自mittere） | 送 | admit, permission |
| mort（出自mors） | 死 | immortal |
| omni | 全部 | omnipotent, omnibus |
| pat（出自pater） | 父亲 | paternal |
| path | 遭遇，感觉 | sympathy, pathology |

续表

| 词 根 | 含 义 | 例 词 |
| --- | --- | --- |
| ped（出自pes） | 脚 | impede, millepede, pedal |
| phobia, phobe | 惧怕 | hydrophobe, xenophobia |
| photo | 光线 | photography |
| pneum | 空气，呼吸，精神 | pneumonia |
| pos, posit | 位置 | deposit, position |
| pot, poss, poten（出自ponere） | 能…… | potential, possible |
| quaerere | 询问，质疑，寻求 | inquiry, query |
| rog（出自rogare） | 询问 | interrogate |
| scrib, scrip（出自scribere） | 写 | scribble, script, inscribe |
| sent, sens（出自sentire） | 感觉 | sensitive, sentient |
| sol | 单独地 | soloist, isolate |
| soph | 聪明 | philosopher |
| spect（出自spicere） | 看 | introspective, inspect |
| spir（出自spirare） | 呼吸 | inspiration |
| ten（出自tendere） | 伸展 | extend, tense |
| ten（出自tenere） | 保持 | tenant |
| therm（出自thermos） | 温暖 | thermometer |
| utilis | 有用的 | utility, utilise |
| ven, vent（出自venire） | 来，到达 | advent, convenient |
| vert, vers（出自vertere） | 转 | revert, adverse |
| vid, vis（出自videre） | 看见 | supervisor, vison, provident |

## 练 习

### 词汇3（a）

(a) expire
(b) translucent
(c) audition
(d) sophist
(e) annuity
(f) agoraphobia
(g) querulous
(h) amiable
(i) thermal
(j) dislocated
(k) graphology
(l) impotent
(m) telepaphy
(n) soliloquy
(o) homologous

**1.** A person who is friendly and lovable is often described as______.

**2.** A______is a wise or would-be learned man.

**3.** Material through which light can travel is______.

**4.** You are______if you are unable to perform or act.

**5.** An______is a payment made yearly.

**6.** When an actor stands alone on a stage and speaks to himself, his speech is known as______.

**7.** The word______, which now usually means to pass away or die, derives from the idea of breathing out.

**8.** If a bone is out of joint, or misplaced, we say it is______.

**9.** The transference of thoughts from one mind to another over a distance is known as______.

**10.** ______means to be alike in proportion, value or structure; to be in a corresponding position.

**11.** A person who is quarrelsome and discontented, and who complains in a questioning manner is______.

**12.** ______means pertaining to heat.

**13.** A trial hearing of an applicant for employment, especially in the case of actors and singers, is known as an______.

**14.** ______is the controversial art of analysing personality from handwriting.

**15.** If you have a fear of open spaces, you suffer from______.

### 词汇3（b）

| | | |
|---|---|---|
| (a) tendentious | (b) artefact | (c) convene |
| (d) decapitate | (e) corporeal | (f) manciple |
| (g) equinox | (h) captivate | (i) abduction |
| (j) egocentric | (k) geomorphology | (l) omniscient |
| (m) interdict | (n) utilitarian | (o) patricide |

**1.** If you behead someone you______them.

**2.** A______argument is one that stretches the truth in order to convince.

**3.** ______is the study of the physical features of the crust of the Earth.

**4.** ______is to take complete control of the attention; to overcome by charm of manner and appearance.

**5.** A person who considers themselves to be the centre of the universe is described as______.

**6.** ______, a term usually reserved for God, is occasionally applied to people who seem to know everything.

**7.** A______is someone who holds that actions are right only if they are useful.

**8.** An______is a statement which comes between a person and their intended action; a prohibition.

**9.** The murder of one's own father is known as_____.

**10.** If something is made by, or results from art; if it is in some way artificial, we say it is an_____.

**11.** The_____is that time of year when both day and night are of equal length.

**12.** A_____is a steward or servant ( someone who waits on your hand and foot ) .

**13.** _____means to cause to come together; to call to an assembly.

**14.** That which has a material body is said to be_____.

**15.** _____is leading or carrying away, usually by fraud or force.

## 词汇3（c）

| | | |
|---|---|---|
| ( a ) chronometer | ( b ) imposition | ( c ) subrogation |
| ( d ) elucidate | ( e ) insensate | ( f ) desolation |
| ( g ) morbid | ( h ) vertigo | ( i ) remittance |
| ( j ) fraternise | ( k ) empathy | ( l ) pneumatic |
| ( m ) bioplasm | ( n ) aerodynamics | ( o ) tenacious |

**1.** A person who is destitute of sense or given to extremes, we call_____.

**2.** _____is the power to project one's feelings into an object or person, and so reach full understanding.

**3.** _____means to shed light on, to make clear.

**4.** A_____drill is one that uses compressed air.

**5.** An instrument that finely measures time is a_____.

**6.** A______person is one who holds on, no matter what the circumstances.

**7.** A______ is money sent to you.

**8.** The science which deals with the forces exerted by air and by gaseous fluids is______.

**9.** The germinal matter for all living things is______.

**10.** When people associate as brothers, we say they______.

**11.** If something is______, it reminds us of death.

**12.** An______may be defined as the act of placing or putting on; a burden, often unwelcome.

**13.** ______is when you substitute someone else for yourself in respect of your legal rights.

**14.** ______refers to that which is deserted, laid waste, solitary, forsaken.

**15.** ______is a feeling of giddiness.

现在，请对照本书附录检查你的答案。

## 下章提示

随着快速阅读和吸收信息能力的增强，以及从报纸、杂志、计算机、笔记本或掌上电脑选择并整理信息能力的形成，培养对文学作品和诗歌的快速阅读技巧也十分重要。下一章我们将对此进行讨论。

## 第 14 章

# 快速及变速阅读文学作品和诗歌

为什么要阅读诗歌和文学作品？因为诗歌和文学作品中有历史留给我们的伟大思想，它们是我们进入想象、幻想、思想、哲学、欢笑和冒险世界的阶梯；因为阅读它们可以增长我们的知识，充实我们的历史和文化数据库；因为它们是精神的食粮。文学是人类最富创造性的表达方式之一。本章将向你介绍一些鉴赏文学作品的基本要素和方法。

小说是伟大思想的结晶。为了充分鉴赏它，你必须注意以下几个方面：情节、主题、哲学观、观点、人物塑造、情绪和气氛、背景、意象、象征和语言的使用。同样，要鉴赏诗歌，你也应该注意诗歌中所蕴含的多层含义。

你对这些要素理解得越深，阅读速度和理解能力提高得就越快。如果你在学校或大学里学习文学的话，下面这些关于文学分析的角度会对你大有裨益。这些角度是论文及考试的理想主题，也是思维导图的主要分支。

许多人断言：他们没法快速阅读小说，否则将会漏掉某些内容并领略不到语言的韵律。

事实并非如此。

可以把小说比作海洋。我们所见的拍打着海岸的小浪花实际上是由九倍长的海浪传送而来的，而这些九倍长的海浪又是被比它长九倍的海浪传送的。类似地，每一个海浪都被比它长九倍的海浪传送。海洋里有些海浪甚至有几公里长。

小说也是如此：语言节奏就像是海面的浪花，其他更大的节奏是小说更深层次的要素。快速阅读者能够欣赏所有的层面。

## 14.1 文学要素

### 14.1.1 情节

情节就是小说中事件的基本结构，也可以说是故事的发展线索。它也许在以描述为主的写作中扮演着相对次要的角色，而在较好的推理和侦探小说中则扮演着重要的角色。

### 14.1.2 主题

主题是情节要突出的要点。例如，《福尔赛世家》（*The Forsyte Saga*）是一个系列小说，讲述了维多利亚时代一个家族的变迁史，它的主题可以说是仁者见仁，智者见智：资本主义与创新、保守与自由、统一与个性或者富裕与贫穷。与主题平行的次要主题也频繁地出现在小说中。次要的主题常常与爱情或次要的人物有关。

### 14.1.3 哲学观

哲学观是控制整个作品的思想体系，并且常常被看作是作者对书中主题的评价。小说中饱含哲思的知名小说家有陀思妥耶夫斯基（Fyodor Mikhailovich Dostoevsky）、狄更斯（Dickens）、萨特（Sartre）和托马斯·曼（Thomas Mann）。

### 14.1.4 观点

观点不仅是作者对他正在写的事件的看法或者个人感受，也是作者描述事件或表达事件时所站的角度。作者也许是全面、多视角地看待他正在描述事件的过去、现在和将来［亨利·詹姆斯（Herry James）主张放弃这种方法，因为他感到这样会掩盖真相］。与这种全面看法相反的观点是：作者可以从纯个人角度（即作者成为书中的“我”）描述事件，就像哈蒙德·恩尼斯（Hammond Innes）的探险故事和纳博科夫（Nabokov）的小说《洛丽塔》（*Lolita*）那样。

## 14.1.5 人物塑造

人物塑造主要指人物随着故事的进展在书中的变化。这种变化会有两种极端，如伊恩·弗莱明（Ian Fleming）的詹姆士·邦德，他在系列小说中自始至终完全没有变化。而左拉（Zola）的小说《萌芽》（*Germinal*）中的人物艾迪安（Etienne），他开始时是一个反叛的年轻人，后来却变成了一个成熟和具有奉献精神的人。人物塑造也可以指作者勾勒一个人物的方法，描写他的身心特征、行动等。

## 14.1.6 情绪和气氛

这两个术语指的是作者唤起一种现实、非现实的感觉及读者情感反应的方法。有些人喜欢只用其中一个，尽管它们是能够加以区别的：情绪可以看成是个人对作品气氛的反应。例如，埃德加·艾伦·坡（Edgar Allan Poe）所写的故事可以是恐怖而又惊险的，但读者的情绪则因人而异，可以是恐惧，也可以是兴奋。

## 14.1.7 背景

背景指的是事件发生的时间和地点。因为背景通常很明显，所以它的重要性常被低估——实际上，时间和地点的任何一个微小变化都会对作品的情节、情绪、氛围和意象产生深远的影响。

## 14.1.8 意象

意象常常被认为是比喻和隐喻的应用，即用创造性或富于幻想力的语言描述对象、人物和事件。例如，沃尔特·司各特（Walter Scott）爵士在《中洛辛郡的心脏》（*The Heart of Mid-lothian*）中，把爱丁堡描述成“苏格兰风景颤动的心”；狄更斯在《双城记》（*Tale of Two Cities*）中描述一个被“活埋”了18年的囚犯重见天日时，使用了表现死亡和埋葬的影像——沉重的花圈、死尸般的颜色、瘦弱的身体，弥漫着黑暗和阴郁的氛围。

### 14.1.9 象征

简单点说，象征就是用一件事物代替或代表另一件事物。例如，在整个文学史上，地球一直就是生育和繁殖的象征。自从弗洛伊德的理论发表以来，象征意义在文学中起着越来越重要的作用，特别表现在对两性象征的重视。任何突出的物体，如一杆枪或一棵树，都可用来象征男性；任何圆形或空心的物体，如一个盒子或一个圆形的池塘，都可以用来象征女性。《双城记》中描写一桶红酒流出来的文字，就是象征意义的一个力证。平民们津津有味地吃着肮脏的残羹冷炙，这预示着极度的饥饿。就是这种饥饿最终导致在法国大革命中真正的流血牺牲。在D.H.劳伦斯（D.H.Lawrence）的《狐狸》（*The Fox*）中，两个妇女居住的冰冻的荒野象征着她们的性冷淡，而男性角色正在射杀一只狐狸的情景（通常象征男性“威胁”）则给予了他男性的支配地位。

小说中的象征意义常常比这些例子所示的更加模糊不清，能理解那些象征意义的读者往往是能领会大部分名著真正含义的极少数人。

### 14.1.10 语言的使用

从海明威（Hemingway）的阳刚之作到纳博科夫的诗化散文，不同作者的语言风格各不相同。一个作者所使用的语言是其内心的真实表露，如果你仔细分辨的话，就能发现作品中更深层的意思和情感。

虽然在讨论小说的这些方面时，我分别讲述了每一项，但重要的是记住，所有这些都是密不可分的。例如，故事背景本身可能就是象征性的，所以其他方面也同样如此。当你阅读文学作品时，要时刻注意它们之间的复杂联系。

**练 习**

**小 说**

选一本你最喜欢的作家的小说，用你已经学过的各种快速阅读技巧阅读这本小说。一定要做到预读、制作思维导图、自始至终使用引导物，并根据小说的要素进行分析。

## 14.2 诗歌

许多人主张诗歌应该慢慢阅读。虽然我们谈话的速度大约是每分钟 200 字，但我们中的大多数人倾向于以每分钟少于 100 字的速度阅读诗歌。实际上这样会妨碍对诗歌的正确鉴赏，因为缓慢而单调乏味地阅读一首诗，会破坏诗歌的自然节奏，从而使读者无法领会其内在的许多意义。在学校时，有的学生就一行一行地读诗，仿佛意义就在结尾一样，老师如果不对此进行纠正的话，问题就会变得越发严重。事实是：深邃的诗歌所蕴含的意义往往流淌在字里行间。

阅读诗歌的最佳方法应该是：

**1.** 非常迅速地预读一遍，以便能大致掌握这首诗在讲什么，以及它将走向何方。

**2.** 迅速而深入地阅读，以便更确切地了解各行之间的关系、思想和节奏之间的内在联系及其演进的方式。

**3.** 细细地品读全诗，注意你特别感兴趣的部分。

**4.** 大声地诵读这首诗。

归根结底，对文学作品和诗歌来说，速度往往不是主要的终极目标——这非常类似于听音乐和欣赏艺术。谁也不会只听一遍贝多芬的《第五交响曲》，就把唱片扔掉并得意扬扬地声明："我已用每分钟33转的速度听完了！"

当阅读文学作品和诗歌时，要利用你所有的知识和个人判断力。如果你认为值得永久珍藏，就忘了阅读速度吧，在时间充裕的时候再去研读。

购买或借一部诗歌集，按以上所述的方式阅读。从你学过的所有方法中，选择你认为最合适的方法。现在你应该自己决定对何种阅读材料选用何种阅读方法了。

在做这样的决定时，有些事情应该始终坚持，包括使用引导物、紧扣阅读目标、在保持和改善理解力的同时不断加快阅读速度。

## 练　习

### 诗　歌

用前面所总结的有关诗歌的阅读方法，阅读下面的两首诗。贯穿第一首诗的线索与第4章有非常密切的关系。贯穿第二首诗的线索与快速阅读全书的主题——眼睛/大脑认知系统有关。作者将感激你所做的理解和评价。

## 愕　然

一幅图画胜过千百字。
有人让我明白，
我的三亿个
视网膜光接收器，
每五百分之一秒
吸收十二亿个光子。
每秒钟
拍摄你
五百张逼真的快照。
我凝视，
惊诧。
而你在遥远的某处
问我：
“你想什么呢？”
“你为什么不和我谈谈？”

## 悬崖与人

悬崖之边在召唤，
要他走近，
要他站在悬崖的边缘。

但他骗了她，
踩着猫步接近她，
身体向前弯过去——
向前滑动着自己的身体，
并警觉地四处张望。
而她的笑声让他眩晕，
她把他拽入怀抱，
扯掉他思想的花边，
抛入深深的长满青苔的崖下，
让他摇摆着靠近她，靠近岩架，
上下扯动着他的眼睛，
崖下大海汹涌的波涛，
对着他发出隔世的咆哮。
他扭斗着与她的施予挣扎，
他小小的空间发生了弯曲，
并吞没了她。
于是，她把地球之鸟海鸥
猛然扔向他，
这鸟扭住他的思维
直到狂喜，
掠过她深不可测的
漏斗，
给猛吹他的风装上了
翅膀，
而他还留在悬崖边上。
这鸟千姿百态地狂扫，

使狂风安宁，
为他平息四处的风，
抹去岩架和锋利的崖边，
用力拽他——把他拽出来。
吞噬者被吞没了。

现在，你已经知道快速阅读能如何帮助你充分鉴赏文学作品和诗歌了，接着让我们进行另一个测试。这个测试会让你了解奇特大脑的更多知识。阅读时，运用你在本书中学到的所有相关知识，并尽力超过之前的表现。你在快速阅读领域的不断成功，取决于你对继续学习这一方法的决心，以及你的大脑在阅读、吸收、综合、回忆、交流和创造方面的能力——大脑可以无限拓展的能力！

## 自我测试 6

现在开始计时

### 大脑——被施了魔法的编织机

东尼·博赞

#### 人的大脑及其潜力

人脑是一台被施了魔法的编织机，数百万发光的梭子编织着一个个渐渐消融的图案，尽管这些图案无法永恒，但每一个都意义巨大，仿佛银河系开始的某种宇宙之舞。

——查尔斯·谢灵顿（Charles Sherrington）

大脑与银河事实上是一个适度的类比。如果不考虑其他因素的话，每一个完整的地球人都未曾深思过自己拥有的约3.5磅重的块状组织——大脑，然而每个正常的大脑都能形成比宇宙中的原子更加多样的连接模式。

大脑由大约100亿个神经细胞组成，每个神经细胞每秒钟可进行数千次的复杂连接。仅从数学的角度来看，其复杂性是令人震惊的。大脑中有100亿个神经元，每个神经元都可能有1028种连接。简单地说，这就意味着，如果将你大脑中可能的连接这一理论数字写出来的话，你将会得到这样一个数字：以“1”开头，后面跟着大约1050万千米长的“0”。

当然，所有这些只是可能。尽管神经生理学中有多种多样详尽的发现，但大脑的这种潜力是最让人激动的。无可争辩的是，我们都没有充分利用自己的大脑——如果我们确实没有滥用大脑的话。这毫不奇怪，因为几乎没有人看见过人的大脑，而那些看到过大脑的人也没有把它描述得特别不平常。

可以理解的是，一位专业钢琴家或木匠会特别注重他的手，画家会珍爱他的眼睛，而赛跑运动员肯定最关心他的腿。然而，如果没有大脑，双手就像没有演奏者的钢琴一样，是没有用处的。由于大脑的无所不在，它的潜力确实被大大地低估了。不管我们做什么，发生了什么事情，大脑都参与其中。于是，我们只注意不同情况下大脑的差别，而忽略了没有大脑，我们什么事也做不了。

我们一直过多地关注大脑的差别，而忽略了另一层更重要的意义——潜能。我们把许多精力投入设计显示大脑之间差别的系统上，而不是投入改善大脑上。这种情况不仅出现在教育方面（比如，把通过或没有通过考试作为最终的评判标准），还出现在我们生活的各个方面：我们是美国人还是英国人，是学者还是农民，是艺术家还是科学家。当然，这种区别是存在的，并且如果完全忽视它们的话，肯定是很愚蠢的，但是每个大脑本身固有的能力也很重要。在每个脑袋中都有一座庞大的发电站，这是一个紧密而有效的机构，它的能量会随着我们对它的日渐了解而无限增大。

约翰·雷德·普拉特（John Rader Platt）认为：

> 如果这种复杂性能够以某种方式转换成可见的光亮，使我们能更清楚地感觉到它的话，那么，与物质世界相比，生物世界将会变成一个光线穿行的世界。与玫瑰花丛相比，剧烈爆发的太阳会逐渐褪色，变得苍白，不再耀眼；一条蚯蚓将变成一座灯塔；一只狗将变成一座灯光之城；人类将会如万丈光芒般耀眼，他们思想的火花会穿过物质世界的阴霾，相互传递。耀眼的光芒会让我们伤害彼此的眼睛。看看你那少数复杂的同伴戴着光环的脑袋，难道不是这样吗？

这种“复杂性”的基础就是神经细胞——神经元。甚至这种小到只有在显微镜下才能看见的神经元本身，也是相当复杂的。神经元与其他大多数细胞不同。神经元有更复杂的形状，并且有许多分支状的延长部分，它们能够互相连接以传送神经冲动。在整个神经系统中，神经元的大小差别极大。某些从脚趾或者手指一直延续到脊髓的神经元可长达1米。另一些，譬如大脑皮层神经元，则要小1000倍。

我们所做的一切，从移动一块肌肉到思考一个伟大的思想，都涉及复杂的神经功能。然而，无论什么活动，其过程都是类似的，并且都是以神经兴奋为基础的。这些过程由从一个神经元传到另一个神经元的电化学信号组成，其传递不是单一或缓慢的，而是迅速和反复波动的。每个神经元都有一个主体，它包含着特殊的化学和遗传信息，以及一个产生重要神经冲动的（神经的）轴突。轴突也有各种分支的树状突。这些都是冲动或信息的接收器。这些冲动或信息要么直接来自某个感觉器官，要么来自互相交织在一起的其他神经元，后一种情况更为常见。

神经冲动从一个神经元向另一神经元传输的确切位置是突触。在突触中，信息“流过”细小的缝隙，这缝隙就像内燃机中的火花塞缝隙或配电器的触点一样。这一过程的物理和化学机理是极其复杂的。突触可释放出一些使电冲动得以传输的化学物质，并且有一个能影响冲动是否容易接收的临界点。在熟悉或者轻松的活动中，该临界点就较低，使通路更易运作；较高的临界点则意味着信号难以传输。

来自单个神经元的神经冲动激活突触，而这个突触又激活其他的突触。即使是最简单的思维或运动过程，也一定会涉及成百上千个神经元以复杂得像瀑布般落下的信息和协同波的方式接收及传输冲动。每秒钟10万个神经“信息”是很平常的。

因此，我们所做或经历的一切都涉及这种复杂的生物电子过程——从打网球到付账单。这实际上并不怎么复杂。我们知道：眼睛本身并不能看见东西，它们只不过是些透镜；耳朵本身也不能听见声音，它们只是一些麦克风。当我们在电视上观看板球比赛时，我们并没有真正看见比赛者，而只是他们在显像管中的电子信号。在你看见的实体猫与你大脑中的猫的图像之间，是一系列的神经物理学过程，就像在实际的板球比赛与你在电视上看见的图像之间有一系列电子过程一样。

毫不夸张地说，我们的大脑就是一切。我们能给大脑许多东西；反过来，大脑也能给予我们许多东西。大脑是我们秘密的无声武器。如果能更多地使用它的功能，我们真能看到一种伤害我们的眼睛但令人吃惊的光线。用约翰·雷德·普拉特的话来说就是：

> 我们中有许多十分敏感的人，今天仍把人类看成无英雄气概的主角，看成武器和战争的受害者、政府机构和摧毁灵魂的组织及计算机的牺牲品——实际上人类也正是如此。但是，在这种人为的、非人道的退化中，就像人类的第四法则一样，甚至在实验室中现在也滋生出

一种看法，即人类也是神秘和难以捉摸的、自主的、永恒的。人类是一座照亮复杂事物的灯塔，是这个宇宙里组织一切的孩子。人类得到了一切，可以站立，可以选择，可以行动和控制，也可以生存。

**现在停下计时器**

**所用时间：______分钟**

然后，用此篇文章的字数（约为2450个汉字），除以所花的时间（以分钟计），计算出阅读速度。阅读速度计算公式为：

$$每分钟字数=\frac{文字数量}{阅读时间}$$

计算完毕，把得数填入下面的空白处，并在书后的进步图和进步表中也填上这一结果。

**每分钟字数：______**

## 自我测试6：阅读理解

**1.** 谁把人的大脑描述成一台被施了魔法的编织机？

（a）查尔斯·谢灵顿爵士

（b）彼得·拉塞尔

（c）约翰·雷德·普拉特

（d）艾萨克·牛顿

**2.** 人的大脑大约有多重？（1磅=453.6克）

（a）2.5磅　（b）2磅　（c）3.5磅　（d）3磅

**3.** 每个神经元的可能连接数量为：

（a）1010　（b）1019　（c）1028　（d）1039

**4.** 自从知道有大脑这样的东西之后，我们将许多精力放在了：

（a）改善大脑

（b）设计一些能显示大脑之间差别的系统

（c）忽视大脑

（d）伤害大脑

**5.** 谁提出将大脑转变成可见光，并与物理世界的复杂性相比较？

（a）查尔斯·谢灵顿爵士

（b）约翰·雷德·普拉特

（c）伽利略

（d）爱因斯坦

**6.** 与______相比，具有爆发力的太阳将会显得苍白而简单。

**7.** “一只狗”将变成：

（a）玫瑰花丛　　（b）灯塔

（c）太阳　　（d）一座灯光之城

**8.** “大脑复杂性的基础”是：

（a）神经细胞/神经元　　（b）树状突

（c）（神经的）轴突　　（d）皮质

**9.** 神经元与其他大多数细胞的不同之处在于，神经元：

（a）更简单　　（b）形状更复杂

（c）更大　　（d）更小

**10.** 神经元可长达：

（a）1厘米　　（b）1英寸（合2.54厘米）

（c）1英尺（合30.48厘米）　　（d）1米

**11.** 在电化学信号从一个神经元到另一个神经元的传输过程中，其经过是：

（a）单一和缓慢的

（b）迅速和反复波动的

（c）比光速快

（d）仅在我们思考时

**12.** 一个轴突：

（a）比脑细胞大

（b）是突触的主要部分

（c）产生至关重要的神经冲动

（d）是神经细胞的另一个名称

**13.** 突触中的物理化学过程基本上是简单的。 **对 / 错**

**14.** 通常的神经“信息”数量是每秒：

（a）100　　（b）1000

（c）10 000　　（d）100 000

**15.** 谁提到了人类的第四法则？

（a）爱因斯坦　　（b）弗洛伊德

（c）普拉特　　（d）谢灵顿

对照本书附录检查答案，然后将得分除以15，再乘以100，换算成理解得分的百分比。

理解得分：______ /15

即______%

现在，将得分填入书后的进步图和进步表中。

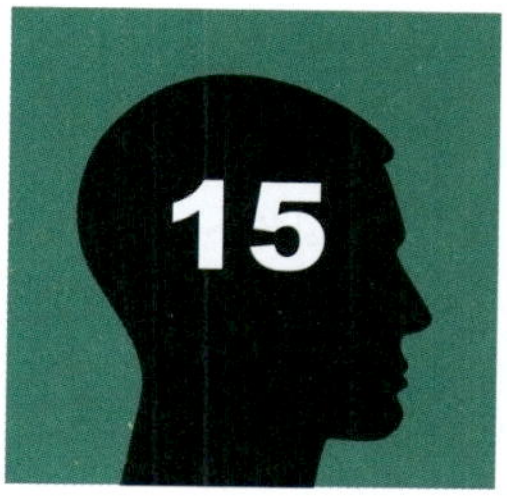


第 15 章

# 获取纸质及网络信息

本章将向你介绍高效地从报纸、杂志和计算机屏幕上获取相关信息的新方法。这些信息占大多数人阅读量的 50% 以上（在某些情况下可达 100%）。

报纸、杂志、计算机屏幕、掌上电脑是你观察世界甚至宇宙的窗口，通过理解它们的性质或用新的方法去处理它们，你在这方面的效率就可以提高 10 倍以上。

# 15.1 报纸

报纸与我们的日常生活密不可分，我们几乎不会去想它其实是一个刚出现不久的事物。20世纪前，传递大众声音的新闻实际上是不存在的。报纸的内容基本上不包含分析或评论。但是，有一个值得一提的例外，就是《泰晤士报》。人们认为该报有关1855年克里米亚战争的报道对内阁的倒台和英军的重组都产生了重大影响。

随着长网造纸机的出现，19世纪的世界报业得到了稳步的发展。与此同时，世界通信网络和教育也迎来了普遍发展：人们需要更多、更快的信息，能够阅读的人也越来越多。因此，许多报纸是在1840~1900年间开始刊印的。

20世纪初，报业一派繁荣，但也仅是昙花一现，现在许多报社已经举步维艰。其原因包括：使用“动态图像”来报道新闻事件的电视的出现，以及能更直接和更个性化地报道新闻事件的互联网传播。报纸现在正试图反戈一击，把自己与各种网络版本融合起来。

西方也许正迈入这样一个时代：报纸将改变其功能，较少地报道即时新闻，较多地进行总结、分析和评论。

## 15.1.1 阅读报纸的方法

在回顾了报纸的历史及其国际环境之后，让我们简要地讨论如何更好地阅读这些报纸。

**1.** 首先，最重要的是，要有一个系统的方法。许多人花几小时的时间去阅读报纸，但在丢开报纸时，并不比开始读报时多领悟一些什么。

**2.** 不管你读什么报纸，事先都应确定你到底要读些什么。为了帮助你做出这一决定，在你阅读报纸之前，要迅速地浏览报纸，选择出你希望进一步阅读的段落和文章。

**3.** 要了解报纸的印刷风格和布局。例如，知道文章在什么地方接转下去，这样可以省去许多翻页和瞎摸索的麻烦。

**4.** 大多数人喜欢买一份符合自己总体看法的报纸——换句话说，每天早晨或晚上给自己一个小小的安慰！在一个星期内，每天买一份不同的报纸，比较每份报纸的布局、政治倾向、报道方法、时事解读以及报道范围，将会是一件非常有趣的事情。不妨下一周就试着这样做。

**5.** 对报纸上的报道要认真核查其准确性。我确信，那些亲身卷入报道事件或在其中起到某种作用的人，在看到第二天报纸上的报道时都会诧异："事情并非如此！"新闻报道的撰写人很有可能带有偏见或者遵循着某种编辑政策。这种"错误报道"，如果我们可以这样叫的话，并不一定是故意的。每个人都会以不同的眼光去看待外界所提供的信息。新闻报道者都是个体，他们可能从不同的位置看到同一件事情的发生。比如，在拥挤的人群之中和俯瞰人群的大楼中，身处不同位置的记者很可能给出不同的报道。

**6.** 接受了这些基本的不可避免的偏见后，我们把注意力转移到报道本身。记者会将他们希望报道的东西做一个简要记录，再回到电脑跟前，在脑子里重构已经发生的事件。这一过程中，报道的重点会再一次出现微小的偏差，主要表现在描述情景所用的词语。报道一旦写完，在最终出版前，还必须经过编辑人员的再编辑。你应该明白，即使是出于最诚实的目的，也不可能做出完全客观的报道。

因此，在阅读报纸、杂志时，应该带着更具批判性的眼光，应该将报纸与电台、电视、其他期刊和计算机网络所做的同类报道进行比对。

**7.** 在了解了 1~6 条之后，你现在可以按照下列方针让你的报刊阅读实现一个巨大的飞跃。

（a）确定你的主要读报目标，并努力坚持这些目标。

（b）用第 9 章所述的技术略读和跳读文章和各个版面。

（c）从头到尾使用引导物。

（d）当你略读和跳读时，对特别感兴趣的文章做好标记。

（e）剪下任何你后来要用的和感兴趣的文章。

（f）尽快丢掉报纸其余的部分。

（g）用思维导图记录主要的新信息或者那些需要每日、每周、每年积累的信息。

## 15.2 杂志

杂志在许多方面与报纸相像，所以本章到目前为止所列的各种方法也适用于杂志。当然，也有许多值得注意的、明显的不同：

- 杂志上的文章一般比报纸上的文章长。
- 杂志中有更多的图解，而且有许多是彩图。
- 杂志不是在很紧的日程中赶制出来的。

由于存在这些差别，因此很容易看出杂志文章的逻辑结构。事实上，大多数杂志的作者受到的教育是：应该"告诉读者准备告诉他们什么，告诉他们，然后告诉读者已经告诉他们了"。

这就意味着，大多数杂志的文章以内容提要开始，随后立即陈述文章目的。这一切就是"告诉读者准备告诉他们什么"。

接下来就是文章的主体。在一篇好的文章中，这一部分将包括逻辑论证、图解、图片和其他智力要素，目的是劝说你接受作者的观点。这就是"告诉他们"。

在文章的最后部分，也是它的高潮区，作者会用某种“戏剧性的”或“生动的”结尾回顾要点，总结观点。这就是“告诉读者已经告诉他们了”。

了解了这种结构之后，你将确切地知道在什么地方寻找所需的信息，从而使你能更有效地浏览各种杂志文章。由于你大脑中已有文章最主要的结构，所以你阅读起来也会容易得多。

## 杂志奇袭战

读杂志的一个实用且有趣的方法，就是每月搞一次“杂志奇袭战”。这就意味着把你所有的杂志保存下来，以便于你每月一次用超级引导术，翻遍你收集的每本杂志的每一页。

把你的节拍器设置为每分钟敲 60 次，并强迫自己每敲一次就翻一页，同时往下滑动你的引导物。这一练习的目的是让你从杂志中选择那些你认为有趣的页面。你应该迅速地把这些页面撕下来，然后随着节拍继续阅读。这些撕下来的页面肯定包括了那些特别有趣的文章，也肯定有吸引人的图片、你特别喜欢的卡通和可能有用的广告等。你可将这些页面整齐地堆集起来，尽情地抛弃那些无关的材料。

在博赞中心的高级阅读课程中，一项有趣的统计数据表明：在 99% 以上的情况下，第一次阅读之后只有 2%~10% 的材料能够保留下来。某些学生在从大量无须阅读的材料中解脱出来时，感到如此轻松，以至于当他们把那些丢弃的杂志抛向空中时，高声地吵嚷、愉快地叫喊！

一旦你选择好了相关材料，就开始第二次通读。这次按合适的类别将它们分类整理。因为目标读者群相同的杂志通常具有相似性，所以你会发现，许多杂志讨论的是类似的问题。因此，你的阅读量还可以进一步减少。特别漂亮的图片或者诙谐的卡通，可用来点缀其他阅读材料，作为你学习过程中的调节，或者把它们编成专辑。

采用这种方法通常只需要阅读全部杂志的不到1%，从而节省下来99%的努力。

## 15.3 电子屏幕

从计算机屏幕或其他显示屏上阅读信息也可以变得非常容易，关键是要调整好环境（特别是亮度）和你的阅读技术。

### 15.3.1 改善环境

#### 亮度

用各种不同的亮度做试验。你需要的是一种均匀、清晰、柔和及不那么炫目的光。不合适的亮度会使阅读速度下降50%，所以要确保屏幕的亮度是符合需求的。

#### 对比度

高对比度能使阅读更容易，从而也能使理解更好和速度更快。不同的人喜欢不同的文字和背景颜色组合，所以需要再次试验以找出一种最适合你的颜色组合。常见的组合是白底黑字、黑底橙字、白底海蓝色的字。无论你喜欢什么颜色组合，都要调整屏幕的对比度和明亮度，直到达到字迹的最大清晰度。如果你办公室中的光线变化了，请改变你屏幕的对比度来补偿。

### 15.3.2 把速读术运用在计算机屏幕上

使用阅读引导术——也就是说，使用细长引导物，比如筷子或织针。这对于阅读计算机屏幕特别有用。它能让你更加舒适地阅读，而且与计算机保持更佳的距离。这一技术与在书页上阅读是一样的。

**1.** 你可以把引导物与计算机行距结合起来。按“向下”的箭头设置合适的速度，然后让引导物前后移动，就像书页自己摊开在你面前。如果你的坐姿适当，你将会比那些不使用引导物的人更舒适和更轻松。

**2.** 要保证每 10~15 分钟让你的眼睛做一次短暂的休息。在休息期间，要让眼睛在室内四处看，最好让眼睛往中远距离看。这样有利于消除眼睛的疲劳。使用这一技巧，会避免一般读者常出现的视觉疲劳、颈部僵硬、呼吸不畅、弯腰驼背以及腰背疼痛。

**3.** 选择正确的字体。现代计算机有许多字体。不要坚持“标准”字体，要选择当时你的眼睛 / 大脑系统最容易吸收的字体。

**4.** 选择合适的行距。你的计算机有多种行距设置。选择最适合你的行距。大多数人设置成单行，因为这样可以给外围视觉更大的机会，以便每次凝视时摄入大量的信息。

有一群行政秘书参加了一个培训课程，该课程是专为跨国企业的董事助理们开设的。在课堂上，秘书们报告说，他们每天有 20%~60% 的时间花在了阅读计算机屏幕或打印资料上。他们表示，随着传真和电子邮件的增多，上述百分比在不断增长。因此，现代办公更需要快速阅读。

上面总结的计算机快速阅读方法，至少可使你在计算机屏幕上的阅读速度提高 3 倍。这意味着，你需要花费在计算机屏幕前的时间将减少，因此更容易缓解你眼睛的疲劳。

网络世界为阅读赋予了新内涵，也让懂得如何阅读变得重要。

在网络上阅读，就像阅读这样一本书，每一页都有机会朝无数方向扩展、漫游出去或“随波逐流”。万维网已经变成一个巨大无比、半混沌的海量信息库，每个人都在里面发布文章、图表、画面、原声片段以及动画。这也就使在线读者的鉴别力变得重要，要能在大量无关信息中鉴别出相关信息。同样，储存所选信息也变得非常重要。

充分了解了如何阅读以及如何快速阅读后，你便可以自信、轻松而又成功地与这些信息“流”进行周旋。否则，你便会不知不觉地陷入死水泥潭或激流险滩，甚至每页都会遇到“尼亚加拉大瀑布”。

在这个阅读环境当中，你必须能够控制，必须能够选准方向，引导信息流向而避开激流与瀑布。

辛西娅·多丝（Cynthia Doss）博士和我一直在研究这一领域。在有关超文本阅读的开创性研究中，她发现存在如下三类超文本读者，而只有一类是你想成为的：

**1.** 在线阅读新手是这样一类读者，他们会点击超文本中的所有或者大部分超链接。在线阅读新手本应略读超链接文本，却从不略读；几乎超链接文本中的所有“不必要”内容，他们都进行阅读。最终，在线阅读新手会偏离阅读目标，或者看完超链接后更觉困惑或混乱。这是因为阅读新手无意中试图使用传统书目阅读方法来进行网络阅读。如果他们应用本书中的速读术，他们会成为娴熟的超文本读者，能够筛选、掌控、理解内容结构，避免信息过载。

**2.** 谨慎阅读者是这样一类读者，他们害怕被信息海啸吞没，所以会忽略所有的超链接，或只在读完一段、一页或者整篇文章后才点击超链接。谨慎的在线读者不会主动阅读超文本的相关内容。

**3.** 娴熟阅读者（你要成为的类型）是这样一类读者，他们会监控自己对文章的理解以及阅读目标，从而确定是否要点击超链接。如果娴熟的在线阅读者发现已经理解了该段或该篇内容，他们就不会点击超链接。这个有效战略可以避免浪费时间或分心。但是，即使娴熟阅读者打开了一个超链接，他们也只是为找到相关信息而迅速略读和跳读。

在与我的合著当中，辛西娅·多丝博士已经证实了娴熟阅读者是使用阅读新定义中所概述的所有主要原则以及将思维导图用作最终超文本导航工具的读者群。思维导图可以让你操纵超文本——在大量时而随机的信息、知识以及想法中完成汇总、组织、评估以及行动——就像一个游戏大师（见《思维导图》）。思维导图软件尤其可以让你来回移动主题和次主题，添加笔记、链接以及文档，从而赋予它们意义、语境并尝试你的各种“假设”。

总的来说，超文本并非难事：你只需要像正常文本阅读中那样，使用基本、奇特而又惊人的眼睛 / 大脑系统。单词、句子、字体以及信息都是相同的，唯一不同的是你的眼睛需要在屏幕上来回跳动，需要一个信息矩阵或信息管理者。在思维导图帮助下的快速阅读将助你成功并快速地掌控以及“浏览”超文本。

你正在接近自我测试的终点！在完成自我测试 7 之前，增强你的原动力，并用引导物做加速练习，确保你与书本保持合适的距离；做好预习，并用思维导图有机学习技巧中的相关信息来帮助你进一步提高阅读速度和理解能力。同时，你也应该考虑《学习技巧》中阐明的学习阅读技巧，以及运用思维导图在你的记忆库中搜寻这一话题的已有知识（参考《思维导图》和《超级记忆》），从而保证自己有一个合适的心理状态。在进行最后一个测试之前，先对我的学习技巧（分成准备和应用两部分）进行简要复习。

学习如何阅读可以应用本书中讲到的所有技巧，还可以应用我的

BOST 学习技巧。BOST 学习技巧综合了多种符合大脑学习规律的技能，包括思维导图、记忆原理及方法、快速阅读过程。BOST 学习技巧在《思维导图》一书中做了详细介绍，它可以简单地分成两部分，即准备和应用。

### 1. 准备

（a）浏览——运用第 12 章介绍的预读技巧，概览整篇文章。

（b）时间和数量——设置时间期限及这个期限内将要阅读的材料数量（见图 15–1 和图 15–2）。

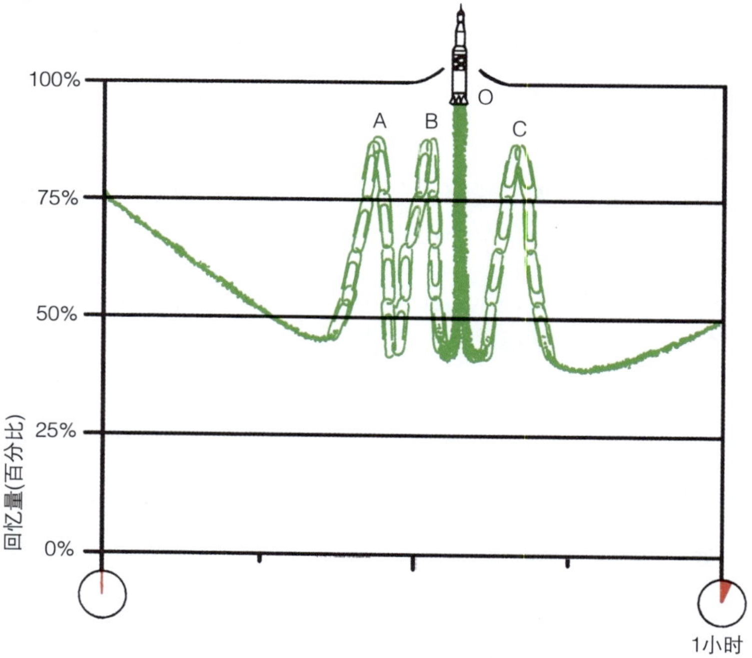


**图 15–1** 回忆的高点

**注：** 本图表明，我们在下列情况下能回忆更多的内容：在学习期间的开头和结尾，事件之间有联系时（图中的 A、B 和 C 点）以及事件比较突出或独特时（图中的 O 点）。

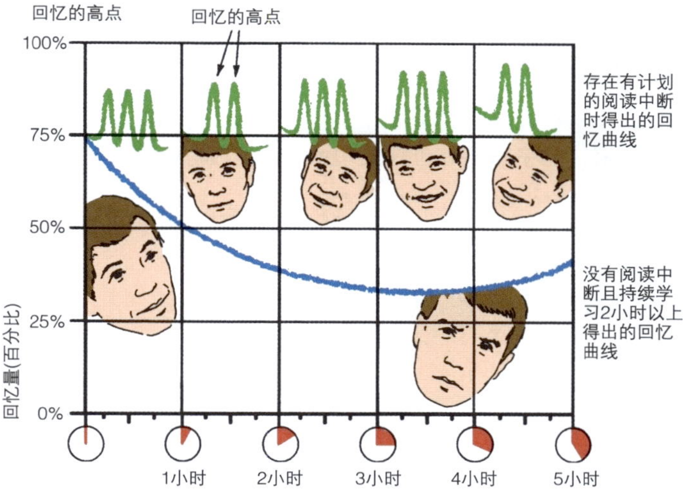


**图 15-2** 学习期间回忆曲线——有中断和无中断两种情况

**注：** 20~50 分钟的学习周期会在理解与回忆之间建立起最好的联系。

（c）已有知识思维导图——用思维导图法从记忆中搜寻有关阅读主题的知识，从而确保你有合适的智力准备。

（d）目的和目标——弄清你为什么阅读这些材料以及你希望从中找到什么内容。

## 2. 应用

（a）总览——做 1 秒钟“深层”浏览，带着你的目的和问题去选择合适的基本信息。

（b）预习——了解基本的信息之后，开始关注相关的部分，把注意力集中到开头和结尾上（回看图 15-2）。

（c）内察——填入剩余的绝大部分信息，并建立自己的思维导图。把困难的地方留到最后阶段。

（d）复习——最后的综合。完成思维导图，解决剩余的问题，回答剩余的疑问，并完成全部目标。

## 自我测试 7

现在开始计时

### 拥抱创造力，见证利润增长

东尼·博赞

获得好主意的最佳方法就是获得好多主意！

——莱纳斯·鲍林

**危机+创新=机遇**

信贷紧缩、经济衰退、销售下滑、物价上涨、预算削减——你是否在意这些将如何触碰你的底线？想想看，你是否可以提高你的每一位经理以及员工的脑力，尤其是你自己。尽管在这个竞争激烈的市场上保持公司人才特色非常困难，但是学习一些有利于营业额产生的技巧还是很有可能的。注重学习、练习创造性行为可以让你的核心业务及相关员工充满能量。

我已经用了很多年时间研究大脑的工作机制并将它转化成可以直接帮助人们最大程度地利用智力的知识模块。这些就是我培训课程的中心内容：思维导图、记忆力、快速阅读以及信息管理。实际上，它们构成了大脑的创造力工具包。

**什么是创造力以及为什么要创造性地工作**

创造力是运用想象力和联想力，基于已有的观念对原创观点、影像以及解决方法进行发展。这里我们可以看到现有知识基础在催生新观念方面是多么重要。

创造力背后的驱动力是想象力。创造力需要踏上想象之旅，将人们带进原创的、前人未曾涉足的领域。由于这些新的联想产生了新的现实，这种新的现实也就是世界上的“创造性突破”。因此，事情也就变得明朗起来：记忆力就是运用想象力和联想力将过去的真实还原，在现在重现过去；而创造力则是运用想象力和联想力将现在的想法移植到未来，在将来的某个时间重现现在的想法。创造性地工作可以产生很多想法，经过充分评估和分析，人们选出最好的创见，再将它们进行加工，最后变成产品或服务。由此，你的公司便收获了创造性回报以及随之而来的宝贵知识产权，从而增加营业额，提高利润。

自诩“有创造力”是非常容易的，但真正变得有创造力是需要你知道创造力是什么以及学习如何培养创造力的。要将这种全新的思维方式注入公司文化是需要热情和精力的。那也就意味着真正践行它并教会他人如何效仿。

成为真正具有创造力的组织不是一件容易的事情。它需要思维和行为范式的根本转变。公司里的每一个人都有无限的潜力，将它们激发出来，便能保持市场竞争优势。人们常将大脑看作“问题解决器官”，而实际上它是“解决办法搜寻器官”。

一旦员工明白创造力并非只是一周一次且每次一小时的尝试，他们就会懂得创造力人人都有，而且时刻都有。

创造力可以也应该运用到事务的方方面面。当你需要按照行为规范、规章制度工作时，是很难发挥创造力的，规章制度会扼杀多样思维。也正是在这种情况下，才最需要新鲜的点子。一开始它会让人感觉不安全，但不用多久就会让人觉得兴奋而又自由。

如何做到这一点呢？练习使用那些一旦成为第二天性便可以助你一臂之力的技巧，不管是主持会议、面见客户，还是管理项目、拓展业务等。

## 思维导图与创造力

2006年，《新闻周刊》刊发一篇题为《未来之路：智能代理和思维导图软件正开启信息民主新篇章》的文章，比尔·盖茨在文章中表达了他的如下信念：

> 新一代的“思维导图”软件同样可以作为数字化“白板”，能够将众多的知识和想法联结起来，并有效地加以分析，从而最大限度地实现创新……帮助人们创造可以挖掘和评估价值的思维模式。

思维导图是固有的思维模式，这是这段话的中心。为什么思维导图是如此强大的创造性工具呢？创作一张思维导图需要全脑协同思维，表现在思考过程中就是神经元迅速穿梭寻找新结点时的天然暴发性。这就像一个巨型弹球机，里面有无数银球以光速来回穿梭。

计算机以线性或连续性方式进行思维，大脑则不同。它的思维是多方位的，即多角度的。当你创造出一张思维导图时，它的分支会再长出分支，鼓励你让先前添加上去的想法继续生根发芽——正如你的大脑一样。而且，因为思维导图上的所有观点都是相互联系的，所以它会帮助你通过联想来使理解力和想象力发生飞跃。思维导图是开启大脑能量的思维工具，反映了大脑的内部思维。如果你看不清方向或者看不清整体，画一张思维导图，一切便会清晰可见。

## 快速开始：思维导图

首先，在中央画出中心图，至少使用三种颜色。

全图都要使用图像、符号、代码和空间层次。

选择关键词和字体，大小写字母皆可。

一条线只搭配一个单词或一幅图片。

各分支必须从中心图出发，相互连接。中间的线条要粗些，并且自然流动；离中心图越远，线条越细。

让线条与单词或图像的长度相同。

全图使用颜色或自己的代码。

建立自己的思维导图风格。

在图中标出重点及相互关系。

给分支分级、编号或者列提纲，保持图形的整洁。

**记忆力与创造力**

记忆力与创造力有什么关系？记忆力和创造力一直被看作互不相关的认知技巧，而我首次提出了一个新公式，可以说明两者之间的密切关系。这一公式也是首次发表在商业期刊上：

$$E+M=C^{\infty}$$

你能想出这些符号代表什么吗？

不管是记忆力还是创造力，都以想象力和联想力为基础。努力提高记忆力的同时，创造力也会得到提高，反之亦然。因此，公式就等于“精力+记忆力=无限创造力”。只要你在练习或者使用记忆技巧，那么你同时也在练习和增强创造力。

**快速开始：记忆力**

使用想象力和联想力以及以下12个步骤。

通感。这是指将各种感官结合起来：视觉、嗅觉、听觉、味觉、触觉以及动觉（对身体及其运动的感知）。

运动。任何记忆图片中，动态化的内容会大大增加大脑的联想空间（将它们做成三维的）。

联想。无论你想记什么，确保将它与你大脑中已经固定的事物联系起来。

性。我们在这个方面的记忆力都很好，所以不要浪费它！

幽默。让图片更具趣味性、奇异性。

想象。爱因斯坦曾说过：“想象比知识更重要。因为知识有限，想象无限，想象可以带来人类的进步。”记忆方法越有想象力，记忆力越好。

数字。用数字编号可以把有序性落到实处、取得实效。

符号。用更有意义的图片替代普通而枯燥的图片，会更容易回想起来。

色彩。只要合适、可行，将彩虹的七种颜色全部运用到图片中，让你的想法更加“多彩”、更容易记忆。

排序。将排序与其他原则结合起来，可以大大缩短反应时间，让大脑更加随机地获得所需内容。

积极形象。大多数情况下，积极愉快的画面更利于记忆，因为大脑喜欢回忆积极事物。大脑有可能会阻碍消极不快的画面。

夸张。所有的画面中，都使用夸张的尺寸、形状、颜色以及声音。

经常练习，你就会发现你的记忆力在大幅提高，也会发现记忆力和创造力的明显关联。

### 快速阅读与创造力

能够快速阅读怎么就能提高创造力呢？快速阅读与思维导图以及记忆力是一致的，一旦你具备了以更快的速度获取信息的能力，你就更能辨别出紧要事务并将理念与概念联系起来。同样，这一过程也需要运用能催生更多创造力的想象力和联想力。

有人可能担心过快的速度会牺牲理解力，而事实并非如此。因为眼睛/大脑系统的工作方式告诉我们一个惊人的事实，那就是读得越快，理解得越好。整个过程都代表着你阅读能力各方面的提高。

**快速开始：快速阅读**

阅读是个人与符号信息的全部关联，这一过程会同时牵涉很多方面。以下是一个有趣的练习，它会表明你天生就可以使用外围焦点以及中心焦点进行阅读。通过这种方式，你将眼睛的2.6亿个光接收器全部用来与大脑沟通并给它启发。现在，选取文章中的一页，把你的指头放在该页中心词语的下面。将眼睛集中到这个词语上，不要移动：

看看你可以看到中心词语左右方的多少个词语。

看看你可以看清楚所指词语上下方的多少个词语。

看看你能否说出该页的顶部或底部是否有数字；如果有，数字是多少。

看看你能否计算出该页的段落数。

看看你能否计算出对面一页上的段落数。

看看你能否看到两页中的图表。

如果有图表，看看你能否大致地说出它想说明什么。

通过学习快速阅读技巧，你将可以驾驭外围焦点并用大脑而不仅用眼睛进行阅读。

每家公司都需要创造性地工作，正是这种创造性优势会带来新想法、新产品以及新理念，它们将让你占据上风。希望我对快速阅读的介绍能给你带来一点实际启发，让你明白如何让创造力变成现实。

**现在停下计时器**

**所用时间：______分钟**

然后，用此篇文章的字数（约为3108个汉字），除以所花的时间

（以分钟计），计算出阅读速度。阅读速度计算公式为：

$$每分钟字数=\frac{文字数量}{阅读时间}$$

计算完毕，把得数填入下面的空白处，并在书后的进步图和进步表中也填上这一结果。

**每分钟字数：**

## 自我测试7：阅读理解

**1.** 思维导图、记忆力、快速阅读以及信息管理组成了什么？

（a）大脑的想象力工具包

（b）大脑的创造力工具包

（c）大脑的学习技巧工具包

（d）大脑的记忆方法工具包

**2.**《未来之路》的作者是谁？

（a）史蒂夫·乔布斯　（b）M. 斯科特·派克

（c）比尔·盖茨　（d）卡尔·萨根

**3.** 根据《新闻周刊》上的那篇文章，创作一张思维导图需要什么？

（a）左半脑思考　（b）全脑思考

（c）右半脑思考　（d）全思维模式思考

**4.** 文章中还提到，创作一张思维导图就像：

（a）打乒乓球　（b）打弹珠

（c）玩拼字游戏　（d）下象棋

**5.** 东尼·博赞有关创造力的新公式是什么？

（a）$E=MC^2$　（b）$E+M=C^{\infty}$

（c）$M=E+C^{\infty}$　（d）$1/2M=2.5E+M$

**6.** 通感是将各种感官结合起来：视觉、嗅觉、听觉、味觉、触觉以及动觉。

**对/错**

7. 东尼 · 博赞推荐了几个步骤来驾驭想象力和联想力？

（a）15　（b）10　（c）12　（d）7

8. 托马斯 · 爱迪生曾说过：“想象比知识重要。”　对/错

9. 眼睛有多少个光接收器？

（a）5.2亿　（b）2.6亿

（c）1.5亿　（d）10亿

10. 什么可以催生更多的创造力？______和______

对照本书附录检查答案，然后将得分除以10，再乘以100，换算成理解得分的百分比。

理解得分：______/10

即______%

现在，将得分填入书后的进步图和进步表中。

## 15.4　结论：驶入未来

恭喜！你马上就要完成掌握快速阅读艺术的第一个阶段——读完这本书。剩下的阶段包括后续的复习、对新发现的技巧不间断的练习，以及钻研思维导图和其他一些记忆术。

现在，你拥有关于眼睛、大脑、变速及快速阅读技巧以及如何成为词汇大师的基本知识。因此，你已经有了识别、吸收、理解、领会所读材料并做出分析、批评、鉴赏、选择和吸收的全副武装，也做好了保留、回忆信息，最终用自认为合适的语言表达和交流的充分准备。

接下来你在快速阅读各个领域的成功就取决于你自己是否愿意继续

发掘大脑阅读、吸收、理解、回忆、交流以及创造的巨大能力——无限能力。祝你好运！

——东尼·博赞

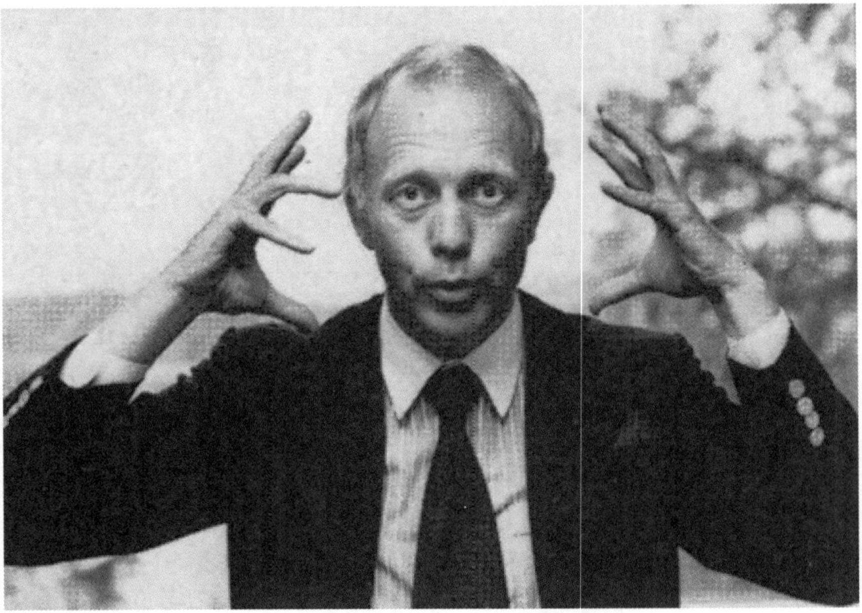

# 附录A 自我测试答案

## 自我测试1

1. 错
2. （d）
3. （b）
4. 对
5. （d）
6. （a）
7. （b）
8. （b）
9. （c）
10. （a）
11. （c）
12. （c）
13. 错
14. （a）
15. （d）

## 自我测试2

1. （c）
2. （b）
3. 对
4. （b）
5. （c）
6. （a）
7. （b）
8. （c）
9. 对
10. （c）
11. 对
12. （b）
13. （b）
14. 错

## 自我测试3

1. （a）
2. 错
3. （b）
4. （c）
5. （d）
6. 错
7. （c）
8. （c）
9. （b）
10. （d）
11. 错
12. （b）
13. （c）
14. 错
15. （c）

## 自我测试4

1. （c）
2. 对
3. （d）
4. （a）
5. （c）
6. 对
7. （c）
8. （d）
9. （d）
10. （a）
11. （c）
12. （b）
13. 错
14. 人类

## 自我测试5

1. （b）
2. （b）
3. （c）
4. （c）
5. （c）
6. （b）
7. （b）
8. 对
9. （d）
10. 妈妈的声音
11. （c）
12. 错
13. （d）
14. （a）
15. （c）

## 自我测试6

1. （a）
2. （c）

3.（c）

4.（b）

5.（b）

6. 玫瑰花丛

7.（d）

8.（a）

9.（b）

10.（d）

11.（b）

12.（c）

13. 错

14.（d）

15.（c）

## 自我测试7

1.（b）

2.（c）

3.（b）

4.（b）

5.（b）

6. 对

7.（c）

8. 错

9.（b）

10. 想象；联想

# 附录B 词汇练习答案

## 词汇1（a）

1.（l）
2.（e）
3.（m）
4.（f）
5.（n）
6.（g）
7.（o）
8.（d）
9.（k）
10.（c）
11.（j）
12.（b）
13.（i）
14.（a）
15.（h）

## 词汇1（b）

1.（e）
2.（i）
3.（d）
4.（n）
5.（j）
6.（f）
7.（k）
8.（c）
9.（a）
10.（l）
11.（g）
12.（o）
13.（m）
14.（h）
15.（b）

## 词汇1（c）

1.（h）
2.（a）
3.（o）
4.（b）
5.（k）
6.（c）
7.（n）
8.（d）
9.（l）
10.（m）
11.（g）
12.（j）

**13.** ( f )

**14.** ( i )

**15.** ( e )

词汇2 ( a )

**1.** ( f )

**2.** ( l )

**3.** ( k )

**4.** ( i )

**5.** ( e )

**6.** ( h )

**7.** ( d )

**8.** ( n )

**9.** ( m )

**10.** ( a )

**11.** ( j )

**12.** ( b )

**13.** ( g )

**14.** ( c )

**15.** ( o )

词汇2 ( b )

**1.** ( o )

**2.** ( h )

**3.** ( a )

**4.** ( b )

**5.** ( m )

**6.** ( n )

**7.** ( e )

**8.** ( d )

**9.** ( j )

**10.** ( f )

**11.** ( g )

**12.** ( k )

**13.** ( i )

**14.** ( l )

**15.** ( c )

词汇2 ( c )

**1.** ( o )

**2.** ( f )

**3.** ( c )

**4.** ( n )

**5.** ( m )

**6.** ( i )

**7.** ( k )

**8.** ( a )

**9.** ( j )

**10.** ( l )

**11.** ( b )

**12.** ( e )

**13.** ( g )

14. (d)

15. (h)

词汇3(a)

1. (h)
2. (d)
3. (b)
4. (l)
5. (e)
6. (n)
7. (a)
8. (j)
9. (m)
10. (o)
11. (g)
12. (i)
13. (c)
14. (k)
15. (f)

词汇3(b)

1. (d)
2. (a)
3. (k)
4. (h)
5. (j)
6. (l)
7. (n)
8. (m)
9. (o)
10. (b)
11. (g)
12. (f)
13. (c)
14. (e)
15. (i)

词汇3(c)

1. (e)
2. (k)
3. (d)
4. (l)
5. (a)
6. (o)
7. (i)
8. (n)
9. (m)
10. (j)
11. (g)
12. (b)
13. (c)
14. (f)
15. (h)

# 附录C　进步图表

（a）进步图

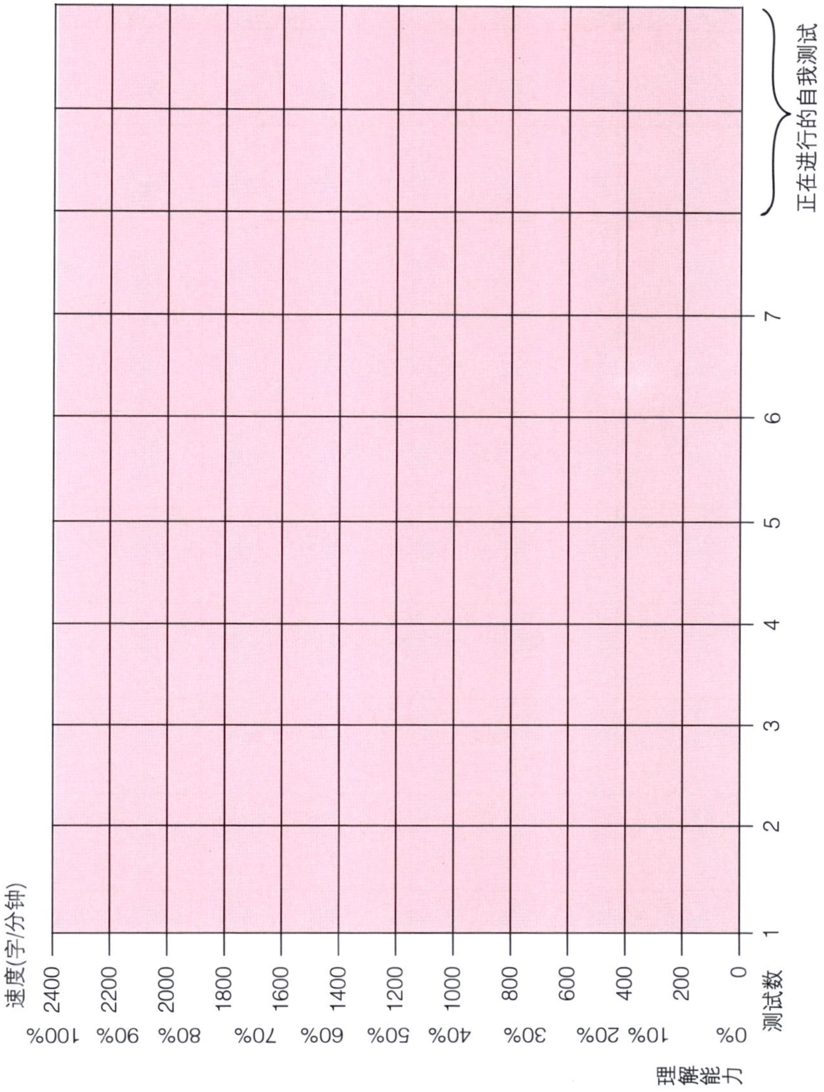

（b）进步表（最理想的做法是用不同的颜色代表速度和理解）

| 阅读次数 | 时间(分・秒) | 速度(字/分钟) | 理解能力(%) |
|---|---|---|---|
| 1 | | | |
| 2 | | | |
| 3 | | | |
| 4 | | | |
| 5 | | | |
| 6 | | | |
| 7 | | | |
| 8 | | | |
| 9 | | | |
| 10 | | | |

# 附录D

## 东尼博赞®在线资源

### “脑力奥林匹克节”

“脑力奥林匹克节”是记忆力、快速阅读、智商、创造力和思维导图这五项“脑力运动”的全面展示。

第一届“脑力奥林匹克节”于1995年在伦敦皇家阿尔伯特大厅举行，由东尼·博赞和雷蒙德·基恩共同组织。自此之后，这一活动与“世界记忆锦标赛®”（亦称“世界脑力锦标赛”）一起在英国牛津举办过，在世界各地包括中国、越南、新加坡、马来西亚、巴林也都举办过。世界各地的人们对这五项脑力运动的兴趣越来越浓厚。2006年，“脑力奥林匹克节”的专场活动再次让皇家阿尔伯特大厅现场爆满。

这五项脑力运动的每一项都有各自的理事会，致力于促进、管理和认证各自领域内的成就。

### 世界记忆运动理事会

世界记忆运动理事会（World Memory Sports Council）是全球记忆运动的独立管理机构，致力于管理和促进全球记忆运动，负责授权组织世界记忆锦标赛®，并且授予记忆全能世界冠军、世界级记忆大师的荣誉头衔。

## 世界记忆锦标赛®

这是一项著名的全球性记忆比赛，又称“世界脑力锦标赛”，其纪录不断被刷新。例如，在2007年的世界记忆锦标赛®上，本·普理德摩尔（Ben Pridmore）在26.28秒内记住了一副洗好的扑克牌，打破了之前由安迪·贝尔创造的31.16秒的世界纪录。很多年以来，在30秒之内记忆一副扑克牌被看作相当于体育比赛中打破4分钟跑完1英里的纪录。有关世界记忆锦标赛®的详细信息，可在英文官网 www.worldmemorychampionships.com 或中文官微 China_WMC 中找到。

## 世界思维导图暨世界快速阅读锦标赛

世界思维导图锦标赛（World Mind Mapping Championships）是由“世界大脑先生”、思维导图发明人东尼·博赞和国际特级象棋大师雷蒙德·基恩爵士于1998年共同创立。世界思维导图锦标赛是脑力运动奥林匹克大赛其中的一项，第一届的举办地点在伦敦，至今已举办14届。

世界快速阅读锦标赛（World Speed Reading Championships）始于1992年，并持续举办了7届。2016年，第8届世界快速阅读锦标赛在新加坡再次举办。2017年，第9届世界快速阅读锦标赛在中国深圳成功举办。快速阅读是五项“脑力运动”之一，可以通过比赛来练习。

了解赛事详情，请登录中文官网 www.wmmc-china.com 或关注官微 world_mind_map。

## 亚太记忆运动理事会

亚太记忆运动理事会（Asia Pacific Memory Sports Council）是由东尼·博赞和雷蒙德·基恩直接任命的世界记忆运动理事会（WMSC®）在亚洲的代表，负责管理世界记忆锦标赛®在亚洲各国的授权，在亚洲记忆运动会上颁发“亚太记忆大师”证书。

亚太记忆运动理事会是亚太区唯一负责授权和管理 WMSC® 记忆锦标赛®俱乐部、WMMC 博赞导图®俱乐部，并颁发相关认证能力资格证书的官方机构，了解详细信息请登录 www.wmc-asia.com。

## WMSC® 记忆锦标赛® 俱乐部

无论在学校还是职场，WMSC® 记忆锦标赛® 俱乐部提供的都是一个有助于提高记忆技能的训练环境，学员们在这里有一个共同的目标：给大脑一个最佳的操作系统。由经 WMSC® 培训合格的世界记忆锦标赛® 认证裁判提出申请，获得亚太记忆运动理事会授权后成立的记忆俱乐部可以提供官方认证记忆大师（LMM）资格考试。请访问官网 www.wmc-china.com 或关注官微 China_WMC。

## WMMC 博赞导图® 俱乐部

WMMC 博赞导图® 俱乐部，由经 WMMC 培训合格的世界思维导图锦标赛认证裁判提出申请，在获得亚太记忆运动理事会授权后成立并运营。俱乐部认证考级是目前世界唯一依据世界思维导图锦标赛的评测标准所进行的全面、科学、权威的博赞思维导图® 专业等级认证。请访问官网 www.wmmc-china.com 或关注官微 world_mind_map。

## 大脑信托慈善基金会

大脑信托慈善基金会（The Brain Trust Charity）是一家注册于英国的慈善机构，由东尼·博赞于 1990 年创立，其目标是充分发挥每个人的能力，开启和调动每个人大脑的巨大潜能。其章程包括促进对思维过程的研究、思维机制的探索，体现在学习、理解、交流、解决问题、创造力和决策等方面。2008 年，苏珊·格林菲尔德（Susan Greenfield）荣获了“世纪大脑”的称号。

## 世界记忆锦标赛® 官方 APP

世界记忆锦标赛® 官方 APP 是世界记忆运动理事会授权，亚太记忆运动理事会为广大记忆爱好者和记忆选手们打造的大赛官方指定 APP，支持用户在线训练、参赛以及在线查看学习十大项目比赛规则、赛事资讯、比赛日程等信息。选手可自由选择“城市赛、国家赛、国际赛、世界赛”四种赛制，并可选择十大项目中的任意项目，随时随地进行自由训练。

目前，Andriod 版本已发布（IOS 版本敬请期待），APP 安装请登录 www.wmc-china.com/app-release.apk。

## 英国东尼博赞®集团

东尼博赞®授权讲师（Tony Buzan Licensed Instructor，TBLI）课程由英国东尼博赞®集团（Tony Buzan Group）授权举办，TBLI 课程合格毕业学员可获得相关科目的授权讲师证书。TBLI 讲师在提交申请获得授权许可后，可开授英国东尼博赞®认证的博赞思维导图®、博赞记忆®、博赞速读®等相应科目的东尼博赞®认证管理师（Tony Buzan Certified Practitioner，TBCP）课程。

完成博赞思维导图®、博赞记忆®、博赞速读®或思维导图应用课中任意两门课程，并完成相应要求的管理师认证培训数量，即有资格申请进阶为东尼博赞®高级授权讲师（Senior TBLI）。

高级授权讲师继续选修完成一门未修课程，并完成相应要求的管理师认证培训数量，可有资格申请进阶为东尼博赞®授权主认证讲师（Master TBLI）；另外，提交申请获得授权后可获得开授 TBLI 讲师培训课程的资格。

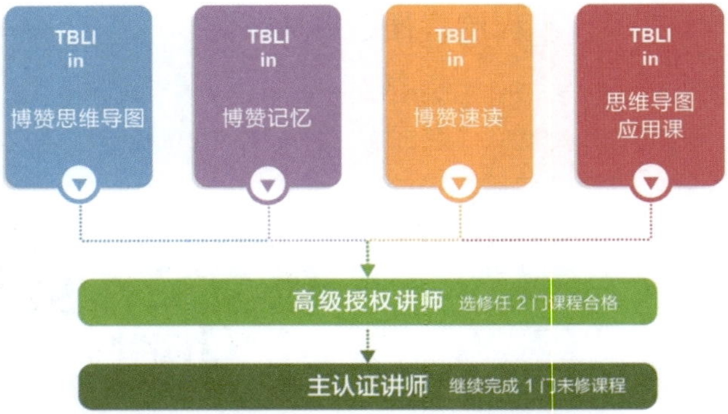


亚太记忆运动理事会博赞中心®为亚洲区唯一博赞授权认证课程管理中心，负责 TBLI 和 TBCP 认证课程的授权及证书的管理和分发。如果你有任何问题或者需要在亚洲区得到任何支持，可以通过以下方式联系相关负责人士。

亚洲官网：www.tonybuzan-asia.com　电子邮件：admin@tonybuzan-asia.com

## 东尼博赞®授权认证课程

东尼博赞®授权讲师（Tony Buzan Licensed Instructor，“TBLI”）课程和东尼博赞®认证管理师（Tony Buzan Certified Practitioner，“TBCP”）课程由英国东尼博赞®集团授权举办。课程合格毕业者可申请获得相应科目的东尼博赞®授权认证资格证书。

东尼博赞®授权讲师证书

东尼博赞®认证管理师证书

## 世界记忆锦标赛®和世界思维导图锦标赛

世界记忆锦标赛®和世界思维导图锦标赛分别始于1991年及1998年，由“世界大脑先生”、思维导图发明人东尼·博赞和国际特级象棋大师雷蒙德·基恩爵士共同创立，各自颁发国际认可并世界通用的“世界记忆大师”及“博赞导图®大师”证书。

世界记忆大师（IMM）证书

博赞导图®大师证书

世界记忆锦标赛
官方微信

---

基于赛事推出的WMSC®记忆锦标赛®俱乐部和WMMC博赞导图®俱乐部，可由参加过官方培训并合格结业的国际认证裁判提出申请，在获得亚太记忆运动理事会授权成立后，分别运营目前世界上唯一依据世界记忆锦标赛®及世界思维导图锦标赛评测标准的“WMSC®记忆大师考级认证”和“WMMC博赞思维导图®考级认证”。

WMSC®记忆大师考级认证证书

博赞思维导图®专业考级认证证书

世界思维导图锦标赛
官方微信

注：以上证书均为样本，仅供参考，证书可能由发证机构根据需要对形式和内容做出改动，以最终实物为准。